値上げのためのマーケティング戦略

まだ価格競争で勝負するのか?

Strategic Pricing

菅野誠二 SEIJI KANNO

クロスメディア・パブリッシング

はじめに

私には日本企業の復活のために、今こそ顧客価値創造プライシング力を強化すべきであるとの想いがある。そして、その想いは日々強くなってきている。

私がコンサルティングやマーケティング・ワークショップなどを提供させていただいている企業は、商品に誇りを持って企画、製造し、販売している典型的な「モノづくり」企業が多い。惚れ惚れするような技術力と製品開発、製造能力を持つ。しかし、例外的企業を除き、コモディティ化の罠に囚われて十分な利益確保ができずに苦しみ抜いている。

思えば世界を席巻するような革新的製品の多くは、かつて誇らしいことに日本製であった。だからといって、私はモノづくり企業には未来がないかのような論調に組みする気は毛頭ない。モノづくりの基盤があってこそ国際競争力の復活が可能であると信じているからだ。

同じように、幾多のサービス業のクライアントも日本人の「細部へのこだわりとおもてなしの心……コトの演出力」を有し、卓越した業務遂行能力があるにも拘わらず、永く続いたデフレ経済からの潮流に抗しきれていない。国内では主なサービスの標準価格は20年の間、ずっと下がり続けてきた。

モノづくりとコト演出（価格戦略を含むマーケティング戦略）の技が本来適正に組み合わせられたならば道が開けるはずであるが、それができている企業は稀だ。残念ながら多くの日本企業は、私が実体験したり、コンサルティングサービスを提供させていただいた、高収益を誇るグローバル企業と比較して、これから本書で述べる『顧客価値創造プライシング』の能力、ひいては現在の事業環境変化に対応したマーケティング戦略の遂行能力が十分ではない。その能力不足を顧みず、これまでは業績不振の言い訳に日本企業の六重苦（円高、高い法人税率、自由貿易協定への対応の遅れ、労働規制、環境規制の強化、電力不足）を挙げる企業経営者も散見された。

しかし、ここに来てはっきりと転機が訪れている。２０１２年末からそれらの悪条件は徐々に改善されつつある。事業機会の節目が変わり、もはや他責では済まされず、その変化の中で規模の大小に拘わらず競争優位を構築して、利益を生み出している企業が明確になっている。そして、優秀な企業人は、学習意欲が高く常に参考になる事例と解決案を模索し続け、反撃の機会を窺っている。私も２０１３年初めよりそのような課題を持つクライアント企業と接し、復活の処方箋に対して議論することが増えてきた。

今こそ企業はデフレ経済下で価格戦争に明け暮れる消耗戦から脱し、提供価値を見直す必要がある。提供価値の中でも機能的価値は十分過ぎるくらいなのだから、日本企業が不得手なブランディングやデザインなどの情緒的価値を見直して、それを丁寧に選択した顧客に「知覚していただく」。そして、その「価値に見合った値上げ」を実行するためのマーケティング戦略を持たねばならない。こういった想いが今回の書物刊行の動機付けになった。

執筆に際し、古巣のマッキンゼー社の出版物を含め多くのマーケティング関連、経営戦略の書籍を紐解いてみた。既に自身の血肉となっている知識もあったが、新たな発見もあった。それらの知恵と私がこれまで蓄積してきた知見とを集約し、この本で微力ながら経営者、マーケティング責任者やブランドマネージャーに対し、戦略変更と実践のためのヒントを提案した。

経営者、マーケティングの責任者の方々には、ＰＡＲＴ４を特にご覧いただき、マーケティング、価格戦略の実行力向上に活かしていただきたい。

また、本書はマーケティング担当者、商品企画担当者に手に取っていただくことを想定して書いたが、それだけでなく、マーケターを志す皆さんにも読んでほしい。

この本に限らず世にガイドブックはある。それを実践できる企業に進化すべき時だ。

値上げのためのマーケティング戦略

目次

PART 3 顧客価値創造プライシングを最適化しなさい

PART 4 顧客価値創造プライシングを組織化する

PART 1

マーケティングはお客様へ提供する価値を創造すること

良い顧客

×

顧客にとっての価値：

×

痛み（ペイン）：下げ

＝

顧客満足

＋

利益

序章

マーケティング上の価格戦略の意義

マーケティングとは消費者、顧客、パートナー、および社会全体にとって価値のある提供物（Offerings）*を創造、伝達、流通、交換（Exchange）するための活動、一連の制度、およびプロセスをいう。（米国マーケティング協会　２００７年）

＊提供物（Offerings）……マーケティングの定義上「物」だけを意味するわけではない。商品が物単体で機能することは益々減少していて、クレーム対応から情報からソフトウェアまで、サービスと一体化して価値を生む。日本語として分かり難いので今後は文中で「商品」という言葉を使用するが、特別に定義し直さない限り「サービス」を含んだ言葉として使用することを念頭に入れて読まれるようお願いしたい。

重要な概念は「消費者・顧客にとって価値ある提供物」と「交換」である。交換する際に、見合った「お足」をいただく価格戦略の巧拙が企業の利益に直結していることは当然だろう。

ではここで、仮に自分の会社が１％値上げに成功した場合と、売上数量が１％増加するよう打ち手を実行した場合では、どちらがどのくらい営業利益が増加するかご存じだろうか？　他条件に変化がないと仮定してのことである。売上増加が簡単に望めないデフレ経済下では、コスト削減に全社一丸で取り組んだ企業も多かった。もし売上は変わらずに１％の固定費を削減することができたら、または１％の変動費を下げることができたら、どの程度利益が増加するだろう？　その４つの打ち手を全てうまく組み合わせることが至難の業だとしたら、何を優先すべきだろうか？

当然それらの施策を実行するための投資や作業量、実現可能性を考慮することも必要だろうから、決断するには複雑なデータ収集と分析や判断力、実行力が必要と思われる。

しかし、手に入れられる果実の大きさから優先順位を述べると、圧倒的に「価格を１％上げる」ことの成果が大きい。これは数多の学者やコンサルタント会社が繰り返し証明してきた。

ペンシルバニア大学ウォートンスクールのジャグモハン・ラジュー教授（マーケティング学部長）らの調査によれば、主な米国産業の感度分析をしたところ、営業利益改善率の順位は、①価格10・29％、②変動費 6・52％、③販売量 3・28％、④固定費2・45％の順である。業界によってこの改善率は多少変化するが、全産業でこの順位は変わらない。特に卸売・小売業や製造業での価格改善効果は大きい。プライシング（価格決め）は自社利益確保の源泉なのである。

一方で、マッキンゼー社が日経ファイナンシャルクエストのデータを使って日本の東証一部上場企業の平均値を分析した結果は、①価格 23・2％、②変動費 16・3％、③数量 6・9％、④固定費 5・9％の順であった。まったく同カテゴリーのデータではないし計算時期も異なるが、日本

図1　感度分析：商品価格が1％改善した際の営業利益向上への寄与割合*

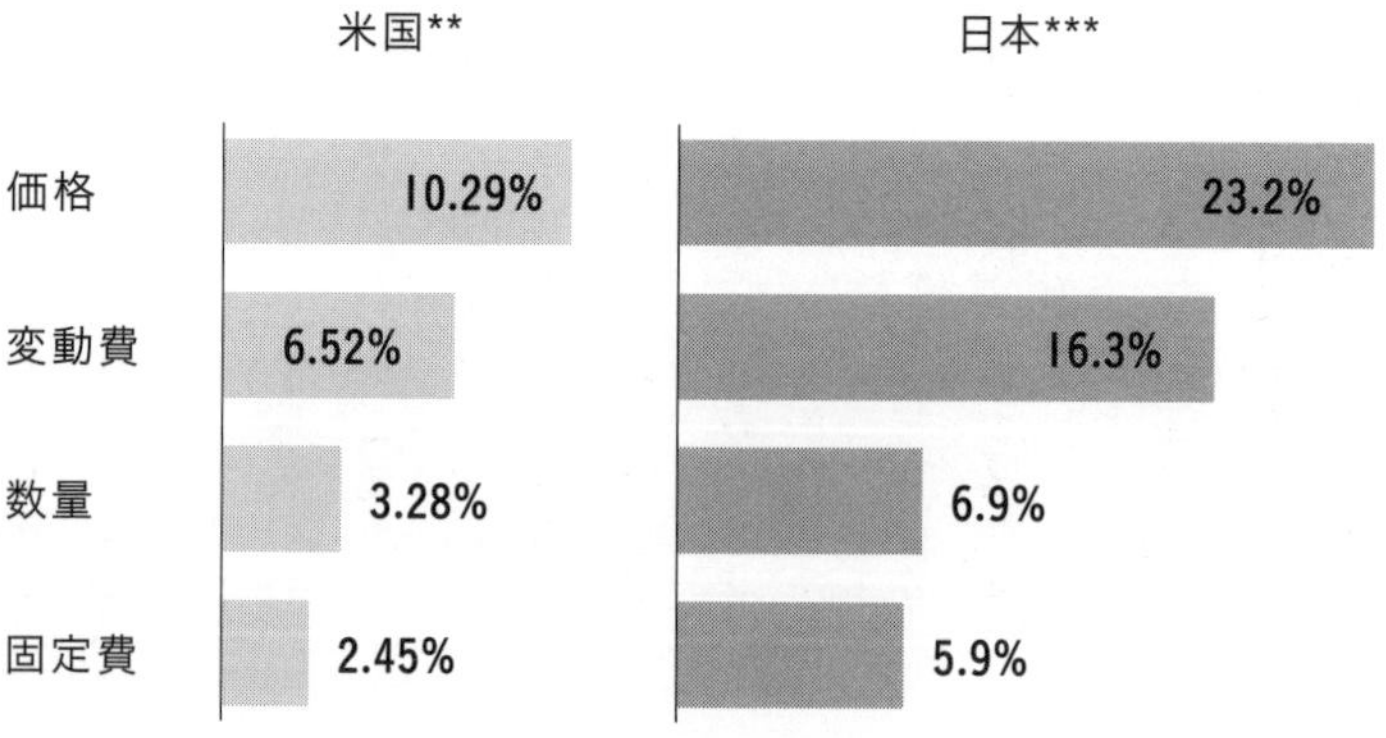

*　他の要素が固定したと仮定
**　出典：『スマート・プライシング』 朝日新聞出版
***　出典：『マッキンゼープライシング』 ダイヤモンド社

企業の１％価格改定による改善インパクトが米国と比して倍以上であることは、いかに日本企業のプライシングが下手かということ、つまり改善余地が大きいということを証明しているのではないか。

ドイツを基盤とする国際的なコンサルティングファーム、サイモン・クチャー&パートナースがアジア、欧州、米国の３９０４社に対して行った２０１１年のサーベイ結果[1]を見ると、日本は価格競争に明け暮れ、企業が利益志向でない価格設定を行っているという、世界でも稀な市場であることがわかる。過度の価格競争に直面していると感じている日本企業が84%に上る一方で、「より高い収益を得るために重要なことは何か」という問いでは、日本企業の91%が「売上の増加」と答えており（グローバル平均は69%）、日本企業の売上重視の姿勢が顕著に表れている。また「価格設定において利益を最も重要視している」と回答した日本企業は33%にとどまり、調査対象国の中で最も低い割合となっている。

売価と販売数量の関係は通常反比例する。多くの日本企業は売上が鈍ると価格を下げて販売数量を確保しようとする。これが本当に利益拡大に繋がっているだろうか。少々

（1）日本を含むアジア、欧州、米国の製造業・サービス業3904社を対象に、2011年秋実施
出典：週刊東洋経済2012年5月19日号

極端な例をお見せすると、変動費が1個あたり60円で売値100円の商品を10万個売り上げていた企業は400万円の限界利益を得、そこから固定費が30%で300万円を引いた場合に、100万円を利益として得る。もし価格を25%値引くと、同じ額の利益を確保するためにはなんと販売量を2・7倍にしないと損をする。逆に25%値上げができれば販売数量は約40%落としても良いことになる[2]。

自明のことだが、営業の評価制度が「トップライン：売上、受注額」中心である企業の場合、現場は価格の値引きやリベートを乱発してでも売上を上げようとする。この受注至上主義が売上拡大すれども利益減という事態を招くのである。また情報システム上、1SKU（Stock Keeping Unit：最小管理単位）

図2　価格変更の販売量への影響度は限界利益ベースで考慮する

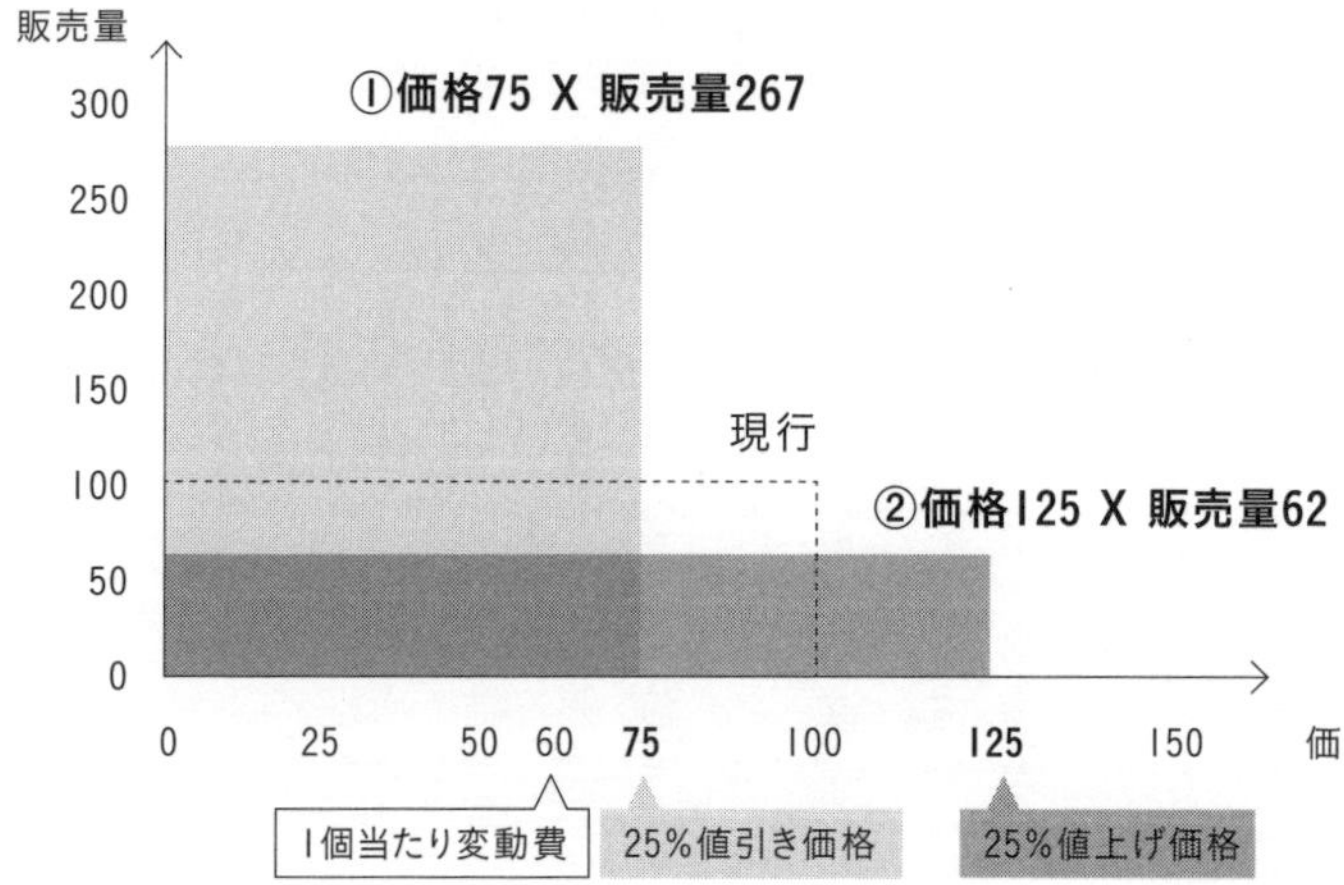

（2）この際のシミュレーションには販売数量増によるコスト削減効果は考慮していない

ごとに正確な損益計算ができていなかったり、できていても営業現場に知らせない企業でも同じようなことが起こる。

ある飲料メーカーの支店営業企画課長、部長20余名が参加された営業戦略立案ワークショップで、取引ごとの実際に企業が受け取る利益（ポケット・プライス[3]）を理解するワークショップを実行した。その際に営業現場で使用可能なリベート（売上割戻）を含む販売促進費用の金額と種類を全て書き出して貰った。その種類は年間契約達成リベート、期間リベート、特別リベート、運送料、配送センター費用、入場料的な棚を確保する費用、ＰＯＳデータ入力手数料、共同広告協賛金などなど、何と30種類以上あった。

現実には担当営業によってそれらの組み合わせで支払われ、規定の出荷価格から最悪の場合は合計割引率25％を優に超えていた。10支店でのリベート支払い状況を詳細にまとめてみた本人たちが、あまりに支店ごとに使用するリベート手法と額にバラツキがあって驚いていた。ある程度は本社が決めたリベートポリシーにしたがっているはずなのに、「本社決裁分」「支店長特別決裁」などの名の下に例外的なリベートも支払われていた。「そんなリベートは情報システムが受け付けないはずだ」「いやいやこんな奥の手があってね……」という種明かしが続いた。このように価格設定を蔑ろにして「儲からない！」と嘆いている上場企業が存在する。

（3）ポケットプライス（224ページ）

第1章 価格戦略下手企業4つのシンドローム

もしあなたの会社でプライシングが上手でないとしたら、その理由は以下の4つが想定できる。

永いデフレ経済下の経験から値上げが不可能と思い込んでいる

デフレ経済下で価格設定を考えると、企業の企画担当者やマーケティング担当者はどうしても顧客から値上げを拒絶され、売上が減少することを恐れて実行に移せなかった。原材料費が高騰しても企業努力による吸収で利益を削り、コスト削減、内容量カットなどで対応してきた。しかし、ここに来ての円安によりその努力を上回るレベルの原材料費、エネルギーコストの上昇が起きていて、値上げせざるを得ない状況である。

アベノミクスの金融緩和と財政出動、成長戦略はデフレ経済からの脱却の起爆剤となり、景気の変換点は訪れたのだろうか。このところ為替レートと株価は乱高下を続けていて、この政策の決着点は予断を許さない。しかし、既に株価上昇の恩恵を受けて利益確定をした一部富裕層の影響か、デパートで高級機械時計、宝飾品や美術品などの高級品が売れ出している。一部大手企業でもボーナス増額のニュースが報じられた。「何となく景気が良くなりそうだから」「ボーナスが増えそうだから」と気分が上向き、財布の紐を緩める消費者が増加する兆しが現れてきた。

外車の売れ行きも好調だ。独のフォルクスワーゲンは、２０１２年昨秋発売した小型車「ｕｐ！（アップ）」の人気で、ゴルフの新車効果も見込めることから２０１３年の販売台数を過去最高の６万２０００台以上と予測している。これは三菱自動車の２０１３年度売上予想台数を上回るので、日本市場で国産車優位の一角が崩れることになる。ｕｐ！の購入者のレポートやウェブの書き込みを読むと、「高級な軽自動車を買う感覚で１８６万円のｕｐ！最上級車を購入」「デザインが気に入り、値段も輸入車としては手頃なので」といった購買理由や感想が並ぶ。「ワンランクアップ」志向の消費者にとって手が届かない高嶺の花の外国車というより、程よい高級感のアピールが功を奏しているようだ。

自動車のような、狙った商品を比較して買う趣味品や耐久消費財を「買回り品」というが、その消費拡大だけでなく普通の生活雑貨である「最寄品」の消費にも変化が見られる。最近セブン・イレブンのプライベートブランド（ＰＢ：小売業や卸が企画した独自のブランド）商品である「セブンプレミアム」が売れている。セブン・イレブンは２０１２年12月、現状約４９００億円の「セブンプレミアム」の売上高を、２０１５年度までに1兆円にまで高めると発表した。そのために２０１０年にプレミアムシリーズ最高峰として開発した「セブンゴールド」カテゴリーを、現行の11品目から３００品目にまで広げるそうである。「金のハンバーグステーキ」は２５８円と、通常のレトルトハンバーグの倍程度の価格だ。

２０１１年には、著名なアートディレクターである佐藤可士和氏を起用してロゴや商品デザインを変更したことからも同社の意気込みが感じられる。そもそも大手メーカーが全国展開するナショナルブランド（ＮＢ）商品と比べ、大手小売りのブランドであるＰＢ商品は、お値打ち価格を売り物にしてきた。しかしここに来て、高品質・高価格で「付加価値」を売り物にし始めたことはマーケティング上、価格戦略の大転換である。

ＮＢ商品よりもＰＢ商品を売るほうが小売業にとっても利益率が高くなるので、自社開発品を中心に売りたいが「安かろう悪かろう」と消費者に敬遠されることがあった。従来ＰＢ商品は、大手メーカーには商品企画や製造ノウハウなどで太刀打ちできない中小メーカーに製造させていたことが多かったからだ。ところが大手小売りの交渉力が増すにつれて一流メーカーが製造を請け負うことが増えたという事情がある。そのため品質の向上が顕著で、ＰＢに対する消費者のイメージも大きく変化してきている。セブン・イレブンやイオンなどの大手小売りはその流れを更に加速して「ワンランクアップ」商品の提案にまで踏み込み、下手なＮＢ商品よりも高価格に設定し、かつそれが消費者に受け入れられ始めている。

　折しも経済産業省と公正取引委員会が小売り間の価格戦争を止め、メーカーのブランド育成に配慮する検討を取りまとめたと報じられた[1]。

「経済産業省と公正取引委員会はメーカーの価格指定を禁じた独占禁止法の運用指針の22年ぶりの改正に乗り出した。過去20年で進んだメーカーと小売りの力関係の逆転を巻き戻す動きだ。（中略）経産省は19日、独禁法の運用指針の改正を求める有識者会議の提言をまとめた。これを受けて公取は１９９１年施行の指針を見直す方向だ。新たな指

（1）「価格主導権は誰の手に、メーカー、指定可能に、行政『安値競争緩和』」
日本経済新聞 朝刊 2013年6月20日

針はメーカーが小売りに最低販売価格を指定し、拒んだ場合には出荷しないことを認める」

　これは米国の政策に倣った検討方針ではあるが興味深い。現実に日本の公正取引委員会が即座に規制を緩和することは考えにくいが、ユニークな新商品のブランド育成に賛同してくれた小売りと組んで、新たな売り方や付加価値が生まれるかもしれない。

価格決定の悪しき3パターン

　私が一部上場企業数社の中堅幹部社員に向けて教鞭をとったマーケティングセミナーで、画期的な新商品ができたある米国企業のケース討議を何度か行った。その製品の製造コストはせいぜい多めに見ても74ドルなので、そこに経営陣が要求する最低限の利益を上乗せすると１００ドルでも売ることができる。一方、競合製品の価格と比較すると４００ドル程度にもできる。そして顧客視点では、顧客の作業プロセスを画期的に効率化するので、その時間コストをも考慮し厳密に計算すると出荷価格を１０４０ドルまで設定してもおかしくはない。これなら粗利率93%である。これらの価格幅でシミュレーションし、5年分の損益計算書を試算してもらった。その後チーム毎の価格設定とマーケティングプランを発表させると、大変興味深い事実が浮かび上がった。

多くのメーカー出身者のチームは98ドルの価格設定を選択する。理由を聞くと「シェア拡大による売上確保です。シェアさえあれば経験曲線による効率化でコスト削減ができて、利益は後からついてくる」と答える。典型的な浸透価格戦略だ。「もっと高い価格設定をなぜ試みないのか？」と、突っ込んで本音まで聞くと「実はそのような画期的な新製品で、粗利率93%などという夢のようなマージン設定をしたことがない。多少、顧客に気が引ける」「いつも顧客にコスト削減を強いられて叩かれているので、そんなに儲けられるはずがないと考えてしまった」と言う。シェア至上主義から抜け切れておらず、大胆な価格設定には萎縮して踏み込めないようだ。

一方ある総合商社のチームでは直接の競合がいないのだから９９０ドルで、しっかり儲けます！」と答える。「そこまで高価格にして儲けると、競合の４００ドルの商品が出てきたら太刀打ちできるのか？」と聞くと、「相対取引なので、落としどころを見て値引きする」という。

どうやら出身母体のビジネス慣行や経験に即して戦略を決定していて、せっかく事前に講義で聞いたはずのセオリーはどこかに置き忘れている。

これらの傾向は企業のマーケティング担当者と現実の価格決定の事例を尋ねても同様であった。もしワークショップの参加者が企業文化を離れ、組織のしがらみがない個人としてネットオークションで出品したり、逆に最低価格で競り落とそうとした経験があれば、類似の商品の価格推移をチェックしたり、出品者の履歴を確認したり、その商品の世間の評判から今後の値上がりや値下げの可能性を考えることもあり得ただろう。価格を戦略的に決定するには、事業環境に合わせて、顧客、競合、チャネル、自社の視点をバランス良く勘案する必要があることは当然であろう。

多くの企業の場合、価格決定には自社コストに必要な利潤を加えて決めるか、自社対競合商品の強弱で調整する、または顧客のいいなり、という3つのうち慣習的にどれかのパターンしか想定していない、ということである。

価格の決定権を持つ責任者が不明確

御社ではどなたが価格決定権を握っているのであろうか?

私が外資系企業でマーケティングの責任者をしていた時は、営業のディレクターの意見を参考にしながらもマーケティングの責任者として価格を設定していたが、特殊なケースでは社長の決裁を得ていた。しかしそこで決定した価格がそのまま店頭の価格となるほどことは簡単ではない。

後述するが、価格決定に対する利害関係者には３つのレイヤーがあって、主原料の相場でほぼ決まるガソリン価格や政府の意向が強く反映される電気料金などのように、私企業の管理を越えたマクロレベルでほぼ決定されるものがある。２つ目には自社、競合、チャネル、顧客の力関係というマーケティング・レイヤーで決まるものがある。そして最後に、営業と買い手の交渉によって決まるレイヤーが存在する。

例えばメーカーと小売りの場合、前線にいる営業がバイヤーと商談をして納入価格が決定されるが、担当営業の売上ノルマの多寡、時には営業マンの裁量によって値引きやバックマージンが支払われ価格が乱れる。加えて小売りのバイヤーの購買力と交渉力によって条件が変化する。そして、最終消費者向けは小売りで値決めの決定権がある店長や部門担当者が決める。

このように価格決定は何層ものレイヤーにまたがって意志決定がなされ、実行される。企業側に明確な責任と権限の規定、仕組みがない限り、利益を生むプライシングを管理するのは至難の業だ。

ある牛丼チェーンの社長は日本経済新聞社のインタビューに「価格は消費者が決める」と答えておられる。顧客志向を標榜する多くの経営者、商品企画者も同様な意見をお持ちではないか。

しかし、牛丼業界では競合との激しい価格競争によって価格を決定しているように見える。競合に厳しい価格戦争を仕掛けられて応対し、企業が独自の価格決定意志を失って値下げ合戦をすれば業界全体が儲からなくなる。現実に牛丼チェーン店大手は軒並み利益率を落としている。

東京を中心に格安で高級料理を提供し「俺のフレンチ」「俺のイタリアン」などの繁盛店を連打している坂本孝社長は「外食業界はプライスリーダーである大手牛丼チェーンの安値競争が続いている。この競争が終わらない限りインフレにはならないだろう」とコメントされている。

ここまでの価格競争を果たして顧客は望んでいるのだろうか。**低価格は一時買うための動機付けにはなるが、その刺激にも慣れて当たり前のことになると、もっと買いたいという欲求には繋がりにくい。**今こそ利益志向の価格決定権を自社が取り戻す時ではないか。

プライシングを科学し、実行するノウハウと仕組みの欠如

消費増税が決定され円安が進行するという環境下で、値上げに成功し利益増に繋げるには今が千載一遇のチャンスかもしれない。

そうはいっても何も提供物を変えずに安易な便乗値上げなどをすれば、デフレ時代を通じて「良いモノを安く買う」体験から賢くなった消費者には間違いなくそっぽを向かれるだろう。安く済ませると決めたジャンルの商品はデフレ志向商品で済ませ、その余力で本当に好きなものには贅沢するというメリハリの利いた同一人物の消費の二極化が進行している。ユニクロの機能性トップスにお気に入りのカルティエのジュエリーやバッグを合わせ、意識的ミスマッチを楽しむといった具合だ。そうなると、消費行動が読みにくくなってプライシングが難しい。

そもそもこれまで述べたプライシング下手症候群にかかっている企業には、プライシングを科学的に分析するノウハウが欠如していたり、実行する組織が無かったりする。第14章で述べるような、価格決定に有益な調査（コンジョイント分析、ＰＳＭ分析、ポケット・プライシング分析など）を有効に活用している企業も少ない。

日本企業には、マーケティングやブランディング活動の全責任を負うＣＭＯ（Chief Marketing Officer）がいないために、プライシングを科学し、そのための知識を蓄積して責任を持って実行する仕組みが弱い。また、ブランドマネージャー制度すら採られていない場合も多いのである。

第2章

『顧客価値創造プライシング』とは何か?

そこで、本書では『顧客価値創造プライシング』という概念を紹介しよう。顧客価値創造プライシングとは、同一商品でも異なるセグメントのお客様には、時と場合によって感じていただける価値が異なるので、それぞれに価値を創造し、最適価格をつけて儲けるための手法である。

このためには顧客価値創造プライシング方程式を最適化する必要がある。概念的にはとてもシンプルだ。価格戦略は刻々と変化する市場、競合の思いもよらぬ攻撃、対応に追われる営業現場がダイナミックに相互作用する。それだからこそ迷ったときに立ち返る、シンプルな原理原則の理解が必要だ。

顧客価値創造プライシングの最適化方程式

良い顧客 ×（ 顧客の知覚価値：上げ － ペイン（痛み）：下げ ）

＝ 顧客満足∞ ＋ 企業の利益

▼良い顧客

自社にとって本当に良い顧客は誰か？ 生涯価値の高いロイヤル顧客に向き合っているか？ この標的になる顧客群（セグメンテーションとターゲティング[1]）を再考してみる。これは新たな市場開拓に繋がる問いだ。

▼顧客の知覚価値：上げ

その良い顧客に合った価値を設計し、良さを伝え、知覚していただく。

(1) セグメンテーション（79ページ）
ターゲティング（95ページ）

▼ペイン（痛み）：下げ

価格を据え置くか、または上げるにもかかわらず顧客の知覚される痛みを下げるか、または感じないようにする。

つまり最適の対競合ポジショニングとブランディング[2]をこの知覚価値とペインのバランスを取るために、マーケティングミックスで具体的に現実化することである。

顧客満足と企業の利益確保の両立

この計算式の結果として、顧客が満足して継続的に購入してくださることで企業に利益が確保される。これがマーケティングの理想のサイクルである。

本書では顧客価値創造プライシングで何をすべきか、特に何を変えなければならないかをお伝えしたい。

その手法を大きく3つのＰＡＲＴに分け、ＰＡＲＴ２で事業の環境や自社のポジショニングを理解し、マーケティング上の課題を特定する手法を解説する。

その課題解決のためにＰＡＲＴ３で顧客価値創造プライシングの具体的な手法を解説

（2）ポジショニング（104ページ）
　　ブランディング（103ページ）

しよう。そして、ＰＡＲＴ４でそれをいかに組織に定着させるかを述べたい。

PART

2

現状を知りマーケティング上の課題を見つけなさい

良い顧客

×

顧客にとっての価値：

×

痛み（ペイン）：下げ

＝

顧客満足

＋

利益

第3章

新しいマーケティングの意味を知る

顧客価値創造プライシングで成功するために、まずはマーケティングの概念を理解することから話を進めたい。マーケティングの生誕地であるアメリカの、米国マーケティング協会（ＡＭＡ）に敬意を表して、ＡＭＡのマーケティングの定義をご紹介しよう。実はその定義は時代の変化に即して以下の様に変遷している。

1985年版

個人や組織体の目標を満足させる交換（Exchange）をつくり出すもので、サービス・商品・アイディアについて、その構想、流通、販売促進、価格政策、これらの計画から実行のプロセス。

2004年版

組織とステークホルダー両者にとって有益となるよう、顧客に向けて「価値」を創造・伝達・提供したり、顧客との関係性を構築したりするための組織的な働きとその一連の過程。

2007年版

マーケティングとは消費者、顧客、パートナー、および社会全体にとって価値のある提供物を創造、伝達、流通、交換するための活動、一連の制度、およびプロセスをいう。

1985年当時のマーケティングの定義は「交換をつくり出すもの」だ。価値のあるものと貨幣を交換するという本質は現在でも大きく変化していない。そのために4つのP（Product：商品戦略、Price：価格戦略、Place：販売経路戦略、Promotion：販売促進戦略）を行うという定義だった。儲けの源泉となるプライシング（価格決め）には、相手が許す限り多くを搾り取れるかが重要だった。

それが２００４年には「顧客価値を創造伝達・提供したり、顧客との関係性を構築したりする」ものになった。次いで２００７年の定義では顧客だけでなく社会までへと価値提供の範囲を広げている。

マーケティング学者はより崇高で広範囲の活動と位置づけしたいらしい。だが、私はやはりマーケティングの主眼は「顧客価値の創造伝達・提供」と関係性の維持にこだわる必要があると考えている。企業存続のためのマネー、つまり血を循環させてくれるのは、究極的には顧客だけだ。その前提に加えてそれが地域社会にまで価値を生み出すものでなければ、存在が許容されないし、顧客も支持しないことを心に刻むべきである。

その潮流によって近年４つのＰという企業視点の発想から、４つのＣ（Customer Solution, Cost to the Consumer, Convenience, Communication）つまりターゲット顧客視点から価値創造するという発想が生まれた。図１にそれをまとめている。

▼**Product（商品戦略）**ではなく、**Customer Solution（顧客課題解決）**として顧客が持つ欠乏や悩み（ニーズ）、欲求（ウォンツ）などを満たす何らかの商品を提供

する。ハーバードビジネススクールのセオドア・レビット教授が論じたとおり、「（4分の1インチ径のドリルを買いに来た）顧客はドリルが欲しいのではなく4分の1インチの穴が欲しい」のだ。つまりニーズを満たす便益が欲しいのである。

▼**Price（価格戦略）**ではなく、**Cost to the Customer（顧客が支払うコスト）**としてお客様には金銭に加え、それ以外の負担を強いるものと捉える。

▼**Place（販売経路戦略）**だけでなく、今ではPCやスマホでクリックするだけで自宅へ届くのだから**Convenience（利便性）**つまり「手に入れやすさ」の設計へと発想を変える。今日のネットを活用したマーケティングではConvenienceと下記のCommunicationが一

図1　価値提供者と顧客の視点の違い

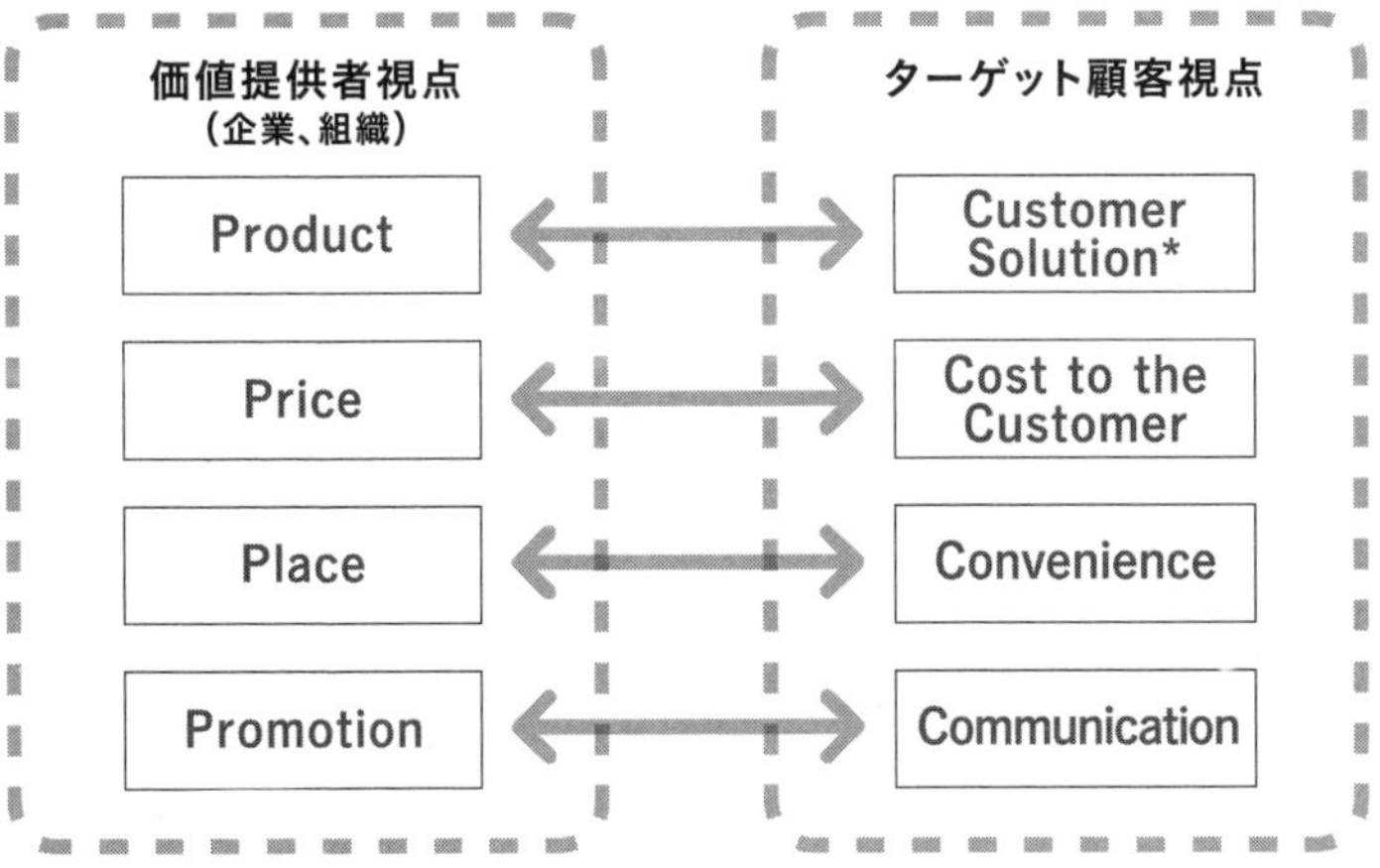

＊ロバート・ラウターボーン（Robert F.Lauterborn）は、Customer Valueと定義している

体化している場合が増加している。スマホでのコミュニケーションと販売促進でポイントなどを付与し、ワンタッチで購買に繋げたり、O2Oマーケティング*のように現実の小売り店舗へ誘導するなど、一連の流れで交換が完結している。また新しい小売り形態として「オムニチャネル・リテーリング**」という概念がある。

▼**Promotion（販売促進戦略）**「何とかして買ってくれ！という販売施策ではなく、**Communication（相互意思疎通）**として顧客が必要な時に必要な情報を交換する努力が必要になる。その結果として、一過性の利益を追うのではなく「顧客との関係性を構築」することで持続的に儲けを生むのである。

*O2Oマーケティング……Online to Offline の略。オンライン（インターネット）の情報がオフライン（実世界）の購買活動に影響を与えたり、オンラインからオフラインへと生活者の行動を促すマーケティング施策を指す。近年スマホとEコマース、ソーシャルメディアの普及によってマーケティングが激変する中で、実店舗を保つ小売業からの巻き返しとして実践的に使われるようになった。これが連鎖しオンライン↓オフライン（実店舗で購入）↓オンライン（SNSで、買って良かった！とつぶやかれる情報拡散）をO2O2Oという。

**オムニチャネル・リテーリング……スマホやタブレットPCなど携帯端末、ウェブサイト、ソーシャルメディア、店舗、カタログ、コンタクトセンター、営業などが全てシームレスな関係の中で小売業と顧客の接点が形成され、一貫した顧客体験を提供するという概念。「オムニ」とは「全方位、なにもかも全て」の意味。

これらを考えていくことは、顧客視点からのマーケティングミックスを考え、それを提供者として実現するということである。

例えば、喫茶店でスマホを操作して友人のフェイスブックの記事をよんでいたら気になる商品（Customer Solution）があってクリックし電子クーポンを受け取った（Communication）。その店に行って商品を触ってみた（Convenience）。他店舗の価格を調べ（Cost to the Customer, Communication）、そのサイトを店員に見せて交渉したらポイントをおまけしてもらえた（Communication & Convenience）。その場では気に入った色の製品が無かったので、その場で予約を済ます。急に家を留守にすることになったので、コールセンターに電話して配達を2日後に時間指定して宅配で商品を受け取り決済する（Convenience）。大満足（Customer Solution）。といった具合だ。

第4章

顧客にとってコストはPain（痛み）。「痛い！」と感じさせない

このマーケティングの4つのCの関係を顧客価値創造プライシングの切り口で1枚にまとめると図2のように表すことができる。

経済学では縦軸に価格、横軸に販売数量で需要曲線を描くが、ここではCost to the Customer戦略を中核の説明変数とするので、顧客にとってのコストをX軸とし、顧客の知覚価値をY軸としている。

顧客はCommunicationによって、またはConvenienceによって顧客課題解決の価値を知覚する（知覚価値：Perceived Value）。同じメッセージを企業から得ても「自分に合った商品かも？」と知覚する度合いはターゲット顧客によって異なるので、自分たちが売りたい相手に絞り込むことが必要だ。顧客は価値交換するためにコストを支払う

が、そのコストを支払った後の残り、つまり「得した！　良い買い物した！」「これでやっかいごとが片づく」「楽しい思いができる」と思う分が顧客価値であると定義できる。その差が大きいほど顧客満足を生み出すのだ。

Customer Solution の要素は2つある。例えばパソコンであればCPUの速度やハードディスクの容量、搭載されているOSやアプリケーションといった商品のスペックのような機能的価値と、ブランド価値やデザインなどのような情緒価値がある。成熟した市場では圧倒的な機能価値が生み出しにくくなるので情緒価値の重要度が増す。そして競合より際だっている点を雄弁

図2　顧客価値創造プライシングの方程式（4Cと顧客価値の関係）

良い顧客 ×（ 顧客の知覚価値：上げ ― ペイン（痛み）：下げ）
＝ 顧客満足∞ ＋ 企業の利益

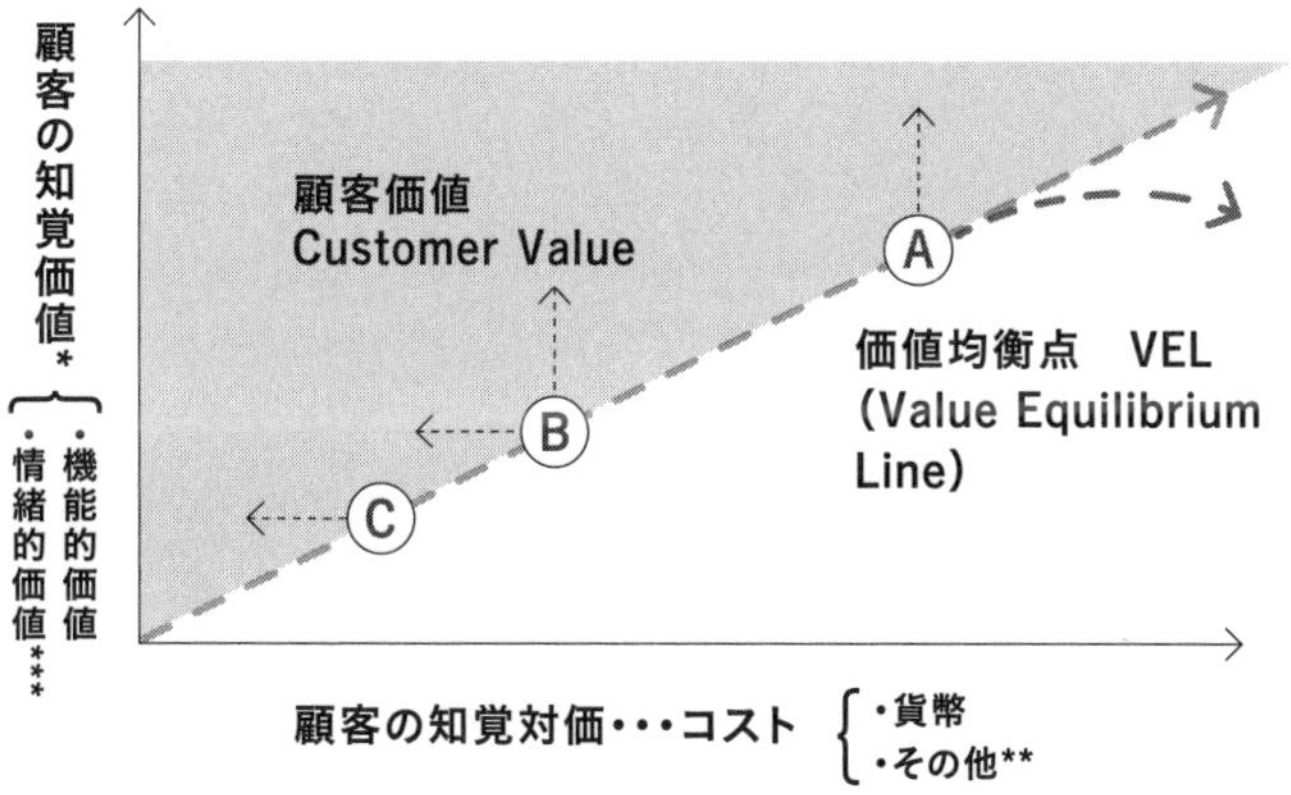

*　Communication 、Convenienceによって知覚されたCustomer Solution（顧客の課題解決）
**　心理的コスト、時間、手間などのスイッチングコスト
***　社会的価値も含む

に語るユニークなブランド・ストーリー[1]が重要だ。

コストは貨幣だけでなく、購入の手間暇もコストである。購買後に慣れない商品の使用法を学習するコストもかかる。また、例えば禿で悩む人が「かつら」を購入、使用することを「周囲にわかってしまったら嫌だなあ」と躊躇するような、心理的な抵抗感もコストになる。それらすべての切り替えコスト（スイッチングコスト）は金銭よりも大きな意味を持つ場合がある。

Convenienceは購入に至る手間暇を低減すればコストも下がり、買い物行為そのものを楽しませればコストは更に下がる。

因みにニューロ・マーケティング（脳科学の知見を活用したマーケティング）の大家Ａ・Ｋ・プラディープ[2]によれば、人は代金を支払うタイミングで痛みを感じる脳の部位と同じ部位が活性化するという。

つまり**コストはPain（痛み）**なのだ。マーケティング巧者、マイクロソフトのマーケターはまず「顧客のペインを探せ！」という合い言葉を使う。このペインこそが解決策を提供して充足させるべきニーズなのである。加えて消費者はそのペインを晴らす

（1）「ブランドのストーリー化」109ページ

（2）『マーケターの知らない「95％」消費者の「買いたい！」を作り出す実践脳科学』（阪急コミュニケーションズ）

解決法と交換するにも、できるだけお金をかけずに解決してもらいたがる。何か上手いやり方はないだろうか？

筆者は時折マーケティングセミナーで「この中でマイクロソフトのオフィスに、いくら支払ったか言える人はいますか？」と質問する。すると、9割以上の参加者は3万円以上する高価な買い物であったのにマイクロソフト・オフィスの価格を答えられない。エクセル、ワード、パワーポイントなど個々のソフトの価格を意識させるとペインを感じやすくなるのだが、PCと「組み込み：プリインストール」したり、いくつかのソフトを「ワンパッケージ化」したりするという価格戦略の高等技によって価格を知覚し難く、つまりペインを感じにくくされているからである。実際には他の選択肢があるにも拘わらず、ビジネスアプリケーションの「デファクト化」を印象付けているので、無意識に、習慣的に購入させる仕組みになっている。

加えてオフィス365では月額使用料というサービスを加え、一括払いで高額を支払いたくないという心理面を突いたプライシングをしている。

彼らは金銭的ペインを下げて儲けを削るという愚を犯さずに、他のペインであるスイッチングコストを感じないよう商品設計し、相対的に価値を向上させることに長けている。先行していた表計算ソフト、ロータス123をエクセルでひっくり返し、ネットスケープをインターネット・エクスプローラーで粉砕したこともこの典型事例だ。
現在ではそのマイクロソフトのオフィスを、グーグルはアップス（Google Apps）で「無料」または低額設定にして転覆させようと狙っている。価格のペインは低いので、後はいかにユーザーの切り替えコストを下げるかが勝負所だ。

さて、41ページ図2にあるA、B、Cの3つの商品のように、情報武装した賢い顧客は知覚した価値とコストの差分を瞬時に判断するのだが、比較して得られる価値とコストのバランスが均衡している場合は選択に迷うことになる。マーケティングの妙は、顧客の琴線に触れるコミュニケーションによって価値均衡点（VEL：Value Equilibrium Line）を上回る「**突き抜ける価値**」へ共感を得ることである（図2でいえば、A、B、Cから出る上方向への矢印や、B、Cから左方への矢印に表される）。

例えば、Aのような商品はブランドなどの情緒価値が高い場合が多い。「ルイ・ヴィトン」のバッグが12万円、米国の「コーチ」が6万円、無名メーカーのバッグが3万円したとしよう。ルイ・ヴィトンのマーケティング上の原則は決して左に行かないこと、つまり価格値引きではなく上方の顧客価値を向上させるようなブランディングや販売促進を行う。この場合、大きな出費に対するペインを忘れさせる、もしくは正当化する理由が必要だ。「頑張って働いた自分へのご褒美だから良い」「自分はこの価格のブランドを持つに相応しい」と感じさせることである。そのために「ヴィトンは船旅で海難に遭っても防水性が高く、中身は濡れなかったし、浮き輪代わりになった」「修理にとことん応じてくれるので、結局長年使えて経済的」などという、まことしやかなブランド噂話や言い訳・正当化ストーリーが効果的である。

ウェブでヴィトンの安売りを謳うサイトは存在するが、数ある高級ブランドの中でも値崩れを抑える施策は徹底している。

Bのポジションにいるコーチは、四半期ごとのデザインの新作を提供してブランディングに気配りしながらも、時にはバーゲンを行う。バーゲンでの売上が度を超すと程なく顧客はブランド価値を見損ない、ブランド認知を価値均衡点上で下方修正するのでブランドが大きく毀損され、遂には売上が低下することになる。マス顧客を獲得し売上を向上させながらもブランド価値を下げない工夫がマーケターの腕の見せ所だ。絞り込んだアウトレットや、ロイヤル顧客のみへのご愛顧、時期限定キャンペーンなどで、「訳あり製品、シーズン遅れ品」などとして提供することなどが常套手段である。近年では本来のアウトレット品の意義が薄れ、商品企画時点でアウトレット向けを大量製造するメーカーも存在するが、Bポジションの企業からCポジションへの転落が待っていることを肝に置いておくべきだろう。

Ｃのメーカーは弛まぬコストダウンとお手頃価格のアピールに努めるなどの定番の戦略が考えられる。ちなみに、Ｐ＆Ｇ社（プロクター＆ギャンブル社）では商品担当者がマーケティングプラン策定においてはこのバランスを突き破って「顧客にＷＯＷ！（感嘆して、ウワー！）と言わせろ」が合い言葉であると聞いている。

顧客価値創造プライシングは固定概念のある「一物一価の価格付け」ではなく柔軟で顧客のニーズを満たすようなイノベーションを促す考え方だ。

これは、図２中に示した顧客価値創造プライシングの方程式によって、誰でも認知することが可能だ。ＰＡＲＴ３で詳しく説明する。

この２つの軸、Valueとコストをワンコンセプトにして新たな顧客価値を創造することも可能だ。むしろ価格のペインを下げることを主眼とした商品提案である。

新製品を直接顧客に販売せずに使用した分量だけ価格をいただくフィー型の商品をつくることもできる。価格はフリーにして、その代わり広告をたっぷり見ていただき、広告主からフィーを取るモデルもある。プライシングを自由に発想すべきなのだ。

第5章

理念とビジョンを達成するため、マーケティングの課題を見つける

マーケティング戦略は自社の理念やビジョンを現実化し、目標を達成するために策定、実行される。当然ながらこの３つ、理念、ビジョン、戦略には一貫性が無ければならない。建前だらけで、他社名と取り替えても成立するような理念やビジョンは、今後ソーシャルメディアの利用が空気のように充満して当たり前になっていくにつれて存在価値を失うだろう。斉藤徹氏[1]が主張するように、社会の透明性が増すからだ。

フェイスブック創業者のマークザッカーバーグ曰く「現代社会の透明性は、一人がふたつのアイデンティティーを持つことを許さない（ワン・アイデンティティー）」ということである。これは個人の話だけではなく企業と従業員全体にかかわることである。

昨今、企業不祥事はジャーナリストが報道する前に、社内の告発者や元社員からネッ

（1）株式会社ループスコミュニケーション代表取締役社長。「ＢＥソーシャル」などソーシャルメディア関連の著作、コンサルティング活動によってマーケターへの影響力が高い

トを通じて漏れるのだ。

顧客がワオ！と思わず歓声を上げたくなる位上質なサービス

アメリカで成長著しい通信販売のザッポス社の経営理念でありブランド理念は、「顧客がワオ！と思わず歓声を上げたくなるくらい上質なサービスを提供し、商品だけでなく幸せを届けること[2]」である。

自社物流倉庫を備え、通販事業屈指の短時間配送能力を持ち、商品の返品代金も無料。コールセンターにはマニュアルがなく、自己判断で顧客に「ワオ！」といわれるサービスを提供するよう奨励される。あるコールセンターの電話オペレーターは１人の顧客の個人的な愚痴に6時間付きあったという伝説まである。

ザッポスのコールセンターや物流担当者など現場の人の接点で感じた「真実の瞬間」、おもてなしに感激した顧客が次々と口コミによって、ザッポスを友人に勧める。広告にはほとんど費用をかけず、精鋭の社員を雇い顧客体験の向上に投資し値引きに走る他社よりも割高で商品を売るという理念に基づいた戦略が成長を支えている。

２００９年に12億ドルでアマゾンに買収された以降もこの理念は益々輝きを増してい

（2）『顧客が熱狂するネット靴店　ザッポス伝説―アマゾンを震撼させたサービスはいかに生まれたか』（ダイヤモンド社）

る。これは従業員の理念への賛同具合と顧客満足に明快な相関があることを確信したCEOトニー・シェイの経営方針が浸透しているからだ。フォーチュン誌２０１０年「最も働きがいのある企業１００社のリスト」で15位と、８ランク上昇した。

SNSを味方にする

２００７年11月、牛丼チェーン吉野屋のアルバイトがユーチューブに投稿した「メガ盛り」が反感を買って炎上し、吉野家は対応が遅れて顧客の不評を買った。

２０１３年7月には、ローソン店内のアイス冷凍庫に店員が入って遊んでいた姿を自らアップし、ネットで拡散して炎上した事件で、この従業員の両親が営む加盟店が契約を解除され、店舗は休業した。

こんなことがないようにと社員を規則で縛っても限度があるし、退職者の口に戸は立てられない。最大の防御策は企業の理念と行動を一致させ、社員も共感して行動してもらうことにつきる。

ソーシャルメディアは自らを傷つける武器となる一方で、企業が揺るぎない理念とコミュニケーション能力がありさえすれば、窮地を救ってくれるツールにもなり得る。

2013年6月、ある心ないクレーマーが「チロルチョコの中に芋虫がいた」という写真付き苦情をツイッターに掲載。あっという間にリツイートは1万件を超した。従業員200人程度の企業にとって致命的なツイートだったが、時を置かずチロルチョコ公式ツイッターにて、以下のように応じた。

「現在Twitter上でチロルチョコの中に芋虫がいたというツイートが流れている件に関しまして説明させて頂きます。現在ツイートされている商品は昨年の12月25日に最終出荷した商品で掲載されている写真から判断しますと30日~40日以内の状態の幼虫と思われます。

詳しくはこちらのサイトをご覧下さい。

http://www.chocolate-cocoa.com/dictionary/word/faq.html#w2_2

お騒がせしており申し訳御座いません」

ツイートに対して「嘘つき」と攻撃によって身を守ろうとする代わりに、冷静に事実ベースで芋虫の混入は商品購入後に起こったことを示唆し、暗にこの写真は疑わしいことをツイッター利用者に伝えた。

さらに、日本チョコレート・ココア協会のウェブサイトを紹介して、協会の見解として「チョコレートやココアは、近代的な設備と衛生管理の行き届いた工場で生産されていますので、虫の卵や幼虫が入ることは通常ありません。ほとんどの場合、工場を出てからご家庭で消費される間に侵入するケースが多いようです」という引用をした。

加えて「顧客をお騒がせして申し訳無い」という対応であった。程なくこの書き込みをした女性は逆バッシングを受けてツイッターのアカウントを削除し、チロルチョコの対応は顧客から信頼と共感を得ることができたのである。

私もフェイスブック、ツイッター、自社のブログなど、すべて実名で考えや行動を一致させて情報発信している。言行一致が周囲の人々、お客様への信頼訴求の第一歩だと確信しているからだ。日本での好事例を見てみよう。

安売りから高売りへ

東京都町田市にあるパナソニックの特約店「でんかのヤマグチ」は従業員40人で

２０１２年度の年商は12・4億円、粗利率は通常の大手量販店25％を超える39・8％、15期連続の黒字という優良企業だ。周囲にはヤマダ電気、ヨドバシカメラ、コジマなどの大手家電量販店がひしめく。家電の小売りビジネスは大手でも経営環境が厳しいなか、傑出した経営といえよう。

ホームページによると経営理念は「でんかのヤマグチは当店を利用していただく大切な大切なお客様と、お客様のために働く社員のためにある」[3]。

１９９６年、町田市に大手量販店が進出しヤマグチの売上が落ちた際、山口勉社長は、大手と比べ価格競争で優位性はない、このままの価格訴求戦略では早晩破綻する、どうそれを避けるべきかという経営課題に直面していた。

山口社長は、大手が「売りっぱなしでサービス無し」であることに気づいた。そこで生き残りのため決死の覚悟で前述の経営理念を考え、それまでの「安売りから高売り」へと経営戦略を変え、オープンな経営スタイルに変更したのである。高売りで売上高が3割落ちても粗利益を25％から35％に10ポイント増やし、利益確保すると決めたのである。

顧客ターゲットを一人の営業担当がケアできる５００人と設定した。3万件以上あった顧客名簿を過去5年間で1万円以上の購入履歴がない顧客や値引き販売を強いる顧客を除外し、町田市の高齢者だけ1万１０００件ほどに絞り込んだ。40年以上のお付き合

(3) http://www.d-yamaguchi.co.jp/
日経ビジネスオンライン
2013年3月12日、13日、14日

図3　「でんかのヤマグチ」の顧客価値創造プライシング成功事例

良い顧客見極め

・過去5年間で1万円以上の購入履歴
・値引き販売を強いる顧客を除外
・町田市の高齢者だけ1万1000件の顧客データベース化
（営業1人に500人顧客のケア）

×

顧客の知覚価値上げ

・売っているのは家電だけでは無く、きめ細かいサービス
（「かゆくなる前にかいて上げるのがウチのサービス」、裏サービス）
・タイムリーな提案営業

―

顧客の知覚コスト下げ

・価格は大手家電量販店の倍でもこの担当から買いたい
（50インチの液晶テレビの値段は32万8000円。
家電量販店に行けば、同じ製品が17万8000円くらい）

＝

・顧客満足（「ヤマグチさん以外では買わない」とロイヤル顧客化）
・企業の利益（15期連続の黒字。年商12.4億円、
粗利率は通常の大手量販店25％を超える39.8％、

競合優位性
（ポジショニング）

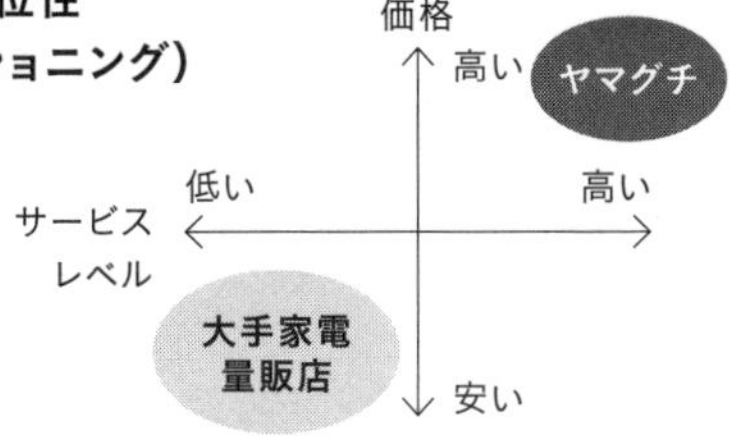

いで自社商品の購買履歴を記録し、他店購入品は購買時期をヒアリングして「顧客台帳」に情報を蓄積した。これを活用して耐用年数を超えそうな時期に提案営業を仕掛ける。営業の評価指標を粗利ベースに変えて社員に仕入れ値を公開し、仕入れ値を65％で割り返した金額以上で受注することを課した。経営指標をできるだけ開示して高利益率で生き残る意識を徹底して社員に植え付けた。

一方で、この理念のもと山口社長は徹底的に顧客サービスを高度化し「かゆいところをかいて上げるのは当たり前、かゆくなる前にかいて上げるのがウチのサービス」を実行させた。設置サービスなど他社でも行うサービス以外に、裏サービスと称して機械が苦手な老婦人のためには毎週韓流ドラマの録画予約にうかがったり、病院に連れて行ったりという、社員が自発的に行うお助けサービスである。

それらを「お客様にしたことシート」に記入させて日報としている。日報を毎日書き他営業と共有することで、社員は商品を売り込む以外に「何をすればお客様に喜んでいただけるのか」という顧客ニーズを自然と考えるようになる。これで顧客は「ヤマグチさん以外では買わない」とロイヤル顧客になり、量販店の2倍の価格でテレビが売れる。社員の名刺には、「でんかのヤマグチはトンデ行きます」というモットー（行動指針）が書かれている。

第6章
SWOT分析をしてマーケティング上の課題を抽出する

理念やビジョンを達成するためには自社の事業環境を把握し、対競合での自社、商品、ブランドの立ち位置と課題を特定する必要がある。そのために必ずマスターすべき基礎的な分析がＳＷＯＴ分析だ。

しかしながら、私がコンサルティングをしていて現実のマーケティングプランを見せていただくと、およそ8割のＳＷＯＴ分析は分析の体をなしていない。すでに答えが念頭にあって、上司に見せる資料作成のために知っていることを書き連ねた作文である。

ＳＷＯＴ分析はプレゼンテーション資料のためのフレームワークではない。事業環境をＭＥＣＥに分析し、自社の強みと弱みをかけ算して「マーケティング上の課題」を抽出するための分析である。

そのためには予備分析として、これから述べる「6C分析」「時代分析」「ビジネスシステム分析」を経て、そこから得た事実をSWOT分析に活用しなければならない。これからそれぞれの予備分析を解説する。

6C分析

マーケティングの事業環境分析には通常、マクロな経営環境の要素であるPEST（ペスト）分析*と、3C分析**というフレームワークが使われる。残念ながらこの2つの分析が有機的な繋がりを持たずに使用されることがしばしばである。

このPEST分析と3C分析とを統合的に分析するために、6C分析を提唱したい。

*PEST分析……規制・税制・法律・政策などの政治的環境要因の分析（Politics…ポリティクス、株価・為替・景気・金利などの経済環境要因の分析（Economics: エコノミクス）、人口動態・社会風俗変化・治安の変化などの社会環境要因分析（Social: ソーシャル）、技術動向・普及度合い・特許などの技術環境要因分析（Technological: テクノロジカル）である。

**3C分析……顧客セグメントのニーズ変化や（Customer: カスタマー）、競合

(Competitor: コンペティター)、自社(Company: カンパニー)分析を指す。

6C分析とは、まず1つめのCとして事業の統制者(Controller：コントローラー)を分析する。PESTに世論やマスコミの動向、通信や社会公共インフラの変化を加えてその動向を調査する。往々にしてビジネスの大きな変化を促す推進力(ビジネス・ドライバー)となる。次に商品を売るために間接販売をしている場合には流通チャネル(Channel：チャネル)の分析が必須だ。

また、自社で事業の主要機能をすべて賄わずに協業したり、商品のアイディア創出でさえアウトソースをしたり、戦略的な提携をすることもあり得る。コンサルティングやベンチャーキャピタル、金融機関など事業推進に必要な援助を提供してくれる事業者も戦略上重要である。これら事業パートナーを協業者(Collaborator：コラボレーター)と呼ぶことにする。この概念はクラウド・ソーシング*の観点からも、生態系**構築のためにも今後ますます戦略構築のために重要な要件になってくると予想される。

上記の3Cに加えてこの統制者、チャネル、協業者、の3Cを加えて6C分析をしてみよう。

図4　6C分析でビジネス・ドライバーを見つける

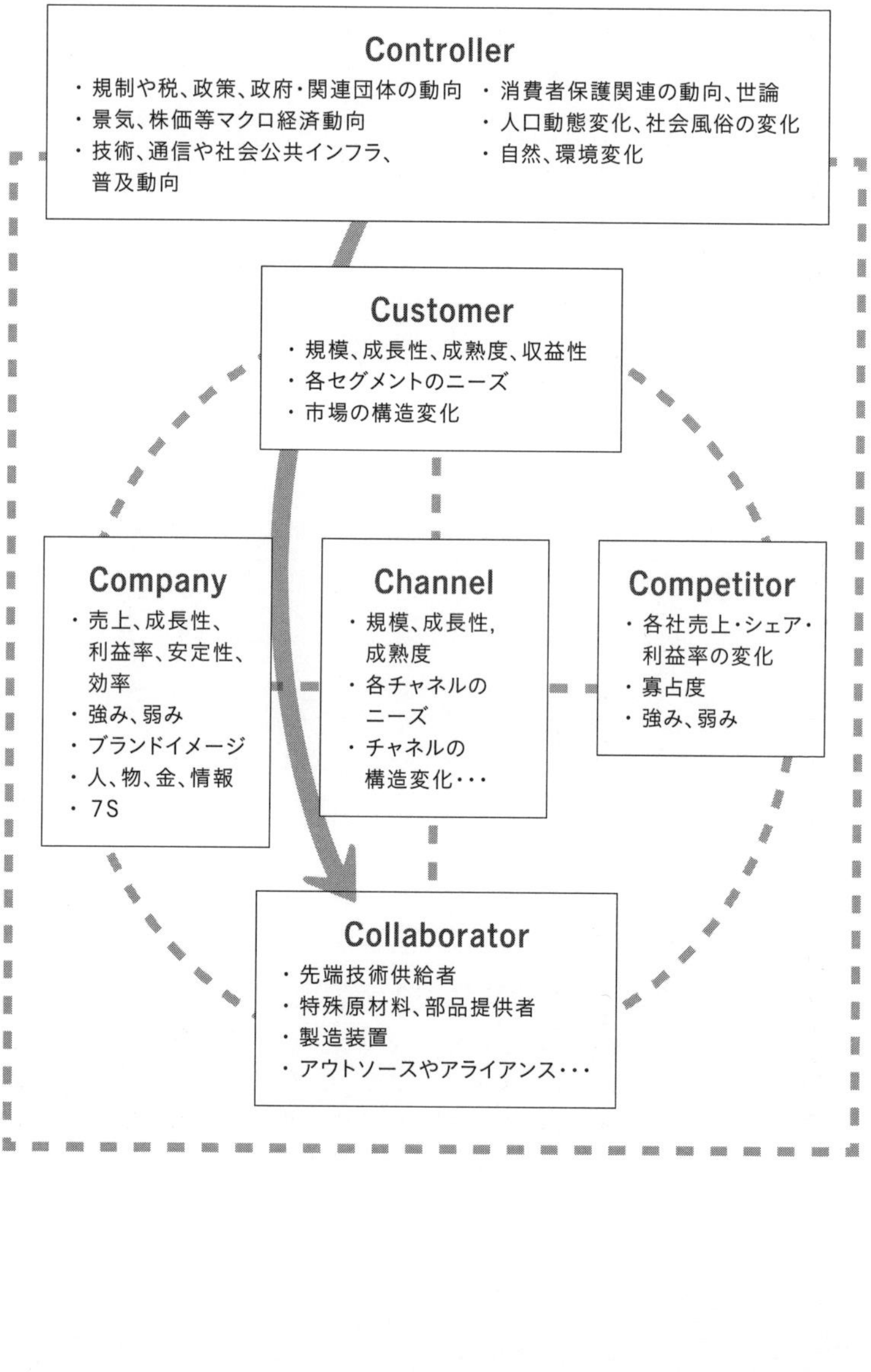
Controller
・規制や税、政策、政府・関連団体の動向
・景気、株価等マクロ経済動向
・技術、通信や社会公共インフラ、普及動向
・消費者保護関連の動向、世論
・人口動態変化、社会風俗の変化
・自然、環境変化
Customer
・規模、成長性、成熟度、収益性
・各セグメントのニーズ
・市場の構造変化
Company
・売上、成長性、利益率、安定性、効率
・強み、弱み
・ブランドイメージ
・人、物、金、情報
・7S
Channel
・規模、成長性, 成熟度
・各チャネルのニーズ
・チャネルの構造変化・・・
Competitor
・各社売上・シェア・利益率の変化
・寡占度
・強み、弱み
Collaborator
・先端技術供給者
・特殊原材料、部品提供者
・製造装置
・アウトソースやアライアンス・・・

＊クラウド・ソーシング……不特定多数の社外の人々（Crowd：クラウド）を活用して業務を委託したり共同で進めるプロジェクト全般。インターネットの普及によって加速している。

＊＊生態系（Ecosystem：エコシステム）……元は動植物の食物連鎖や物質循環といった生物群の循環系という意。転じて、企業間連携を指す言葉になった。例えばアップルが提供するiOSやiTunes, iPhoneのような事業の基盤に依存したり、協調関係を結んだりして事業創造するソフトウェアの制作会社やiPhoneケースのアクセサリーメーカーとアップルとの相互補完的な連携関係全体を意味する。アンドロイドを中核とするグーグル陣営とはエコシステム同士で顧客を引きつける闘争をしていることになる。

6C分析は事業環境全体を俯瞰してビジネス・ドライバーの大きさを見極めて、対応策を考える場合に有効である。まず基本フレームワークを使って現状を整理した後、自己のビジネスの特殊性に応じ、特に頭文字「C」に拘る必要はまったくないので他の業界プレーヤーを付け加えて事業分析をしてみるべきだ。

6C分析例（サムスン電子）

ここでサムスン電子を事例に取り上げて分析の流れを見てみよう。これはマーケティ

図5　6C分析例〜サムスン電子携帯事業を取り巻く外部環境

Controller

対円でのウォン高・為替変動　各国の通信事業に関する規制

通信技術の進化　各地域の所得水準向上（GDP 成長）、新興国の人口増加

OS に関する技術水準向上　HTML5 のデファクト化

Customer

BOP 市場での 100 ドルスマホ拡大基調　B2B 顧客の市場獲得が重要

北米、欧州、アジア先進国で携帯電話成熟期へ　新興国の個人・法人ユーザー拡大

若者（10 代〜 20 代前半）・老人（60 代以上）市場拡大

価格帯別ユーザー（ハイエンドユーザー〜ローエンドユーザー）2 極化

OS 別ユーザー（アップル、アンドロイド、それ以外）ではアンドロイド優勢

Company

経営者：李健熙（創業者一族）の強いリーダーシップ

Android 搭載スマートフォン Gallaxy シリーズでハイエンドスマホ市場で占有率拡大

携帯電話世界シェアでノキアを抜いて 1 位に(2012 年)

携帯電話のリーダーとしてオリジナリティあふれる新製品を創出する圧力

Channel

北米、欧州、アジア、日本

家電量販店、サムソンストア、ネット販売、販売代理店

Competitor

アップルの新製品攻勢。特許訴訟

Google Glass が競合として出現

部品メーカー (Foxconn、その他)

OS（android、iOS、Windows、Blackberry、その他)

携帯電話用広告(Google、Yahoo、Baidu、その他)

Collaborator

OS 提供先（Google（アンドロイド）、Microsoft（Windows OS）、Tizen

下請け企業（部品メーカー）　通信業者　韓国政府

家電メーカー（サムスン電子の家電セグメント含む）

ング講義中に受講者と公知の一般情報を収集して分析した事例である。

サムスン電子は「ビジョン　２０２０」を策定し、２０２０年に向けた新たなビジョンとして「Inspire the World, Create the Future」を掲げている。このビジョンの一環として、２０２０年までに４０００億ドルの収益を達成し、世界の上位５ブランドのひとつになるという目標を立てた。

２０１２年度連結で売上高２０１兆１０４０億ウォン（２０１２年為替レート０・０７０９として円換算14兆２５８３億円）純利益23兆８４５０億ウォン（1兆６９０６億円）と極めて高収益の企業である。

パナソニックとシャープ、ソニーは欠損であるから、その他日本の大手電気関連メーカーの純利益を、日立製作所（５５７７億円）、三菱電機（６９５億円）、東芝（１３５０億円）、３社分足しても遠く及ばない利益だ。

そのサムスン電子の携帯電話事業はまさに売上、利益の中核である。

それぞれの6つのCに該当する重要な事実を探索して、まずは深堀すべきポイントを抜き出す。ここではウォン高の影響やＨＴＭＬ５などの技術が今後重要になることを示唆している。またGoogle Glassなど、協業者（Collaborator）であるGoogleがここでは新しい競合として参入し、携帯電話市場の地殻変動を促す可能性を挙げている。

時代分析（Era Analysis）をする

この６Ｃ分析は分析をした一時点でのスナップショットである。時代の大きな出来事に沿って変化を察知し、**未来に向けての大きなビジネス・ドライバー（ビジネスの推進装置）による市場の変化やトレンドを予測するには、6C分析の視点を時系列的にずらした時代分析をすると良い。**

マーケティングの重要であるが難しい判断の１つに「実施タイミング」がある。流れを見誤ると良い商品も売れない。

例えば、キリンビバレッジが２００５年に「生茶」というペットボトル入りの日本茶を「ペコロジーボトル」という、つぶしやすいエコボトルを売り物にして発売した。人気絶頂の松嶋菜々子さんを起用し、人気マスコットになっていたパンダの人形もグリーンにしたが、健闘むなしくそれほどヒットしなかった。

ところが、２００９年5月に日本コカ・コーラが「いろはす」を発売し〝おいしい〟と〝環境に良い〟を両立するナチュラルミネラルウォーターとして、近年稀な大ヒット商品に育てた。２０１２年には６００ミリリットル以下のミネラルウォーターで市場占有率約50％のトップブランドになった。

　ボトルをクシャっとつぶして小さく絞れる快感で「エコ」を演出し、「地球を変えさせてくれよ！！！」とポップなＣＭソングを挿入するなど、コカ・コーラはマーケティング巧者であった。

　だが、それだけが成功要因ではない。この４年の時間の経過で、一般市民レベルで「エコ」が生活実感として浸透したことが大きいと考える。多くの日本人が温暖化によって水位が上昇して海抜下の太平洋の島が海に沈もうとしていることを知っただけでなく、異常気象でゲリラ豪雨が頻発し、身近に生命の危険を感じる体験をした。

図6　時代分析（Era Analysis）でトレンドを予測する

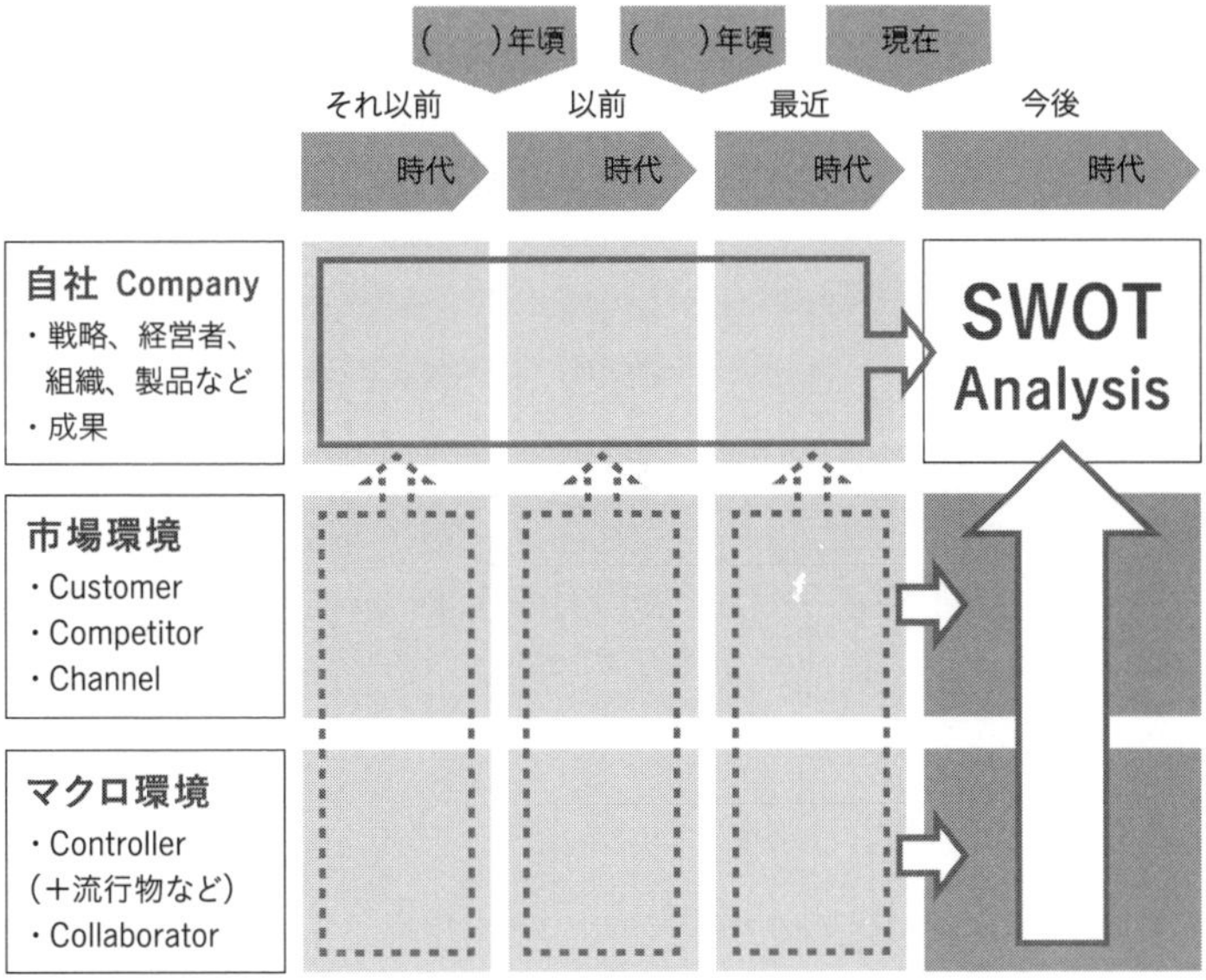

商品選択の最大の理由が商品の味そのものでなく、「まあ何となくエコのほうが良いか……」と考える人が10人中数名存在したら、市場シェアは大きく変化する。

人の気持ちやニーズは、時間のフレームの中で変化する

「ビリーズブートキャンプ」の流行のようにたった数ヶ月間しか続かない流れを「ブーム」という。通常半年もすれば人々は口にすらしなくなる。

次に、年間で敢えて業界全体で陳腐化させて次年度には新しい商材を売り込もうとする「ファッション」という時間フレームのビジネスもある。「マイブーム」のように一般に広がるかどうか不明であるが、時代の先端を示し、拡大可能性がある流行の兆しを「マイクロ・トレンド」という。3年以上継続する確度の高い変化を「トレンド」と呼ぶ。10年以上続きそうであれば「メガ・トレンド」である。

製品企画を開始して上市までに時間がかかる商品カテゴリーで事業を行っているのであれば、このトレンドを察知できなければヒットを生むことができない。時代の切り替わりを分析し、明示して議論することから次に取り組むべき流れを掴もう。

6つのCをまず「最近」の時代以下、それぞれの階層に配してみる。次に「時代」に

ふさわしい名前をつける。新技術が時代をつくることもあれば、時代を画する競合製品が業界のゲームを変えたことで時代名にすることもあろう。時代分析で重要なことはこれまでのトレンドで力を失いそうなものと、今後大きくなるであろう流れを記入してみて、潮目の変化を読むことである。この潮目にあたる、今は小さなマイクロ・トレンドを中長期的変化として発見できるかどうかが肝要である。

　このトレンドを見据えた後に、「通常の延長線上」「大きな成長機会」「致命的な危機をもたらす」３つのシナリオを軸に、その実現可能性とインパクトを勘案して自社にとってのビジネス・ドライバーを決定しよう。また、時代分析は過去の事実に拘泥しがちな社内勢力を説得して、新しいトレンドに目を向けさせるという効果がある。

時代分析例（サムスン電子）

　次ページ図７はサムスン電子の時代分析事例である。Android普及期を牽引し、世界一の携帯メーカーとなった。しかし、今後はウエラブル・コンピューティングの世界がやってくる。これは、これまでコンパクトカメラから携帯音楽プレーヤー、ナビゲーションまで「全てがスマホに吸収される」というスマホ・セントリックが変化し、分散型で機器間データ通信が重要なビジネス・ドライバーとなる可能性を示している。スマホ

20010 ～ Android 普及 スマホ・セントリック期	20XX ウエラブル期
・Gallaxy シリーズでハイエンドスマホ市場で占有率拡大 ・携帯電話世界シェアで1位に（2012 年第一四半期）	・ウエラブル機器とスマホの通信 ・No.1 携帯電話端末メーカーの地位を生かした新たなビジネス展開 **・新 OS の早期立ち上げ**
・ノキア （スマホ・北米戦略に失敗） ⇒北米で中国・台湾の低価格メーカーにシェアを奪われる。 ・全ての機器がスマホへ吸収される**（スマホ：セントリック）**	・低価格端末の脅威 ・Apple との競争激化 ・Google Glass 発売 ・スマートフォン人口の一層の拡大（タブレットとの棲み分け）
・Android アプリ数で iTunes 上回る（2011/8） ・通信環境（LTE へ移行開始） ・Android/iOS が 2 大潮流	・ウエラブル・コンピューティングの胎動 新たなオープン PF の開発・台頭（HTML5 普及による OS とコンテンツの分離等） ・対円でのウォン高

図7　時代分析例 〜 携帯電話の変遷とサムスン電子の成長

		1997 〜 2007 フィーチャーフォン 普及期	2007 〜 2009 スマートフォン期 = iPhone
自社	経営者	**経営者：李健熙 (創業者一族)**	
	戦略	・cdmaone 方式を採用 ⇒北米、アジアに拡販	・Gallaxy 発表（2009/6）
	業界内での地位	・DRAM、フラッシュメモリ、液晶パネルで世界一	・フィーチャーフォンで北米、アジア、BRICs 中心で確固たる地位を築く
市場	Competitor (業界の主要プレイヤー)	・ノキア、モトローラ、RIM が欧米中心に市場占有率上位。サムスン、LG がこれを追う構図。	・Apple が iPhone 発売（2007） ノキア、サムスンが市場占有率上位。
	Customer	・欧米、日本の個人・法人中心	・アジア圏・BRICs 地域でも携帯電話が普及期に
マクロ環境	Collaborator	**・韓国政府の支援**	・Android1.0 登場
	Controller	・通信環境（2G）、cdmaone 方式が中心 **・ウォン安**	・通信環境（3G へ移行開始）

の低価格化も重要である。

ビジネスシステム分析

次にビジネスシステム分析を説明しよう。ビジネスを抜け漏れのない機能の接合と捉えてひとつの流れにしてみる。

製造業であれば基礎研究および商品企画、開発（Ｒ＆Ｄ）が最初に来る。その後に調達、製造、マーケティング、営業とチャネル、サービスと続く。この横軸に沿って縦軸で自社と競合の相対的な強みと弱みの分析を行う。この分析を精緻に行いたいならば、それぞれの機能は対競合で、ＶＲＩＯ[1]を縦軸に使い、ビジネスシステムの要素を横軸にして評価してみると良い。ＶＲＩＯとは、以下の単語の頭文字をとったものである。

▼**Value（経済価値）**……その企業の保有する経営資源やケイパビリティは、その企業が外部環境における脅威や機会に適応することを可能にするか？

▼**Rarity（希少性）**……その経営資源を現在コントロールしているのは、ごく少数の競合企業だろうか？

（1）『企業戦略論【上】基本編 競争優位の構築と持続』（ダイヤモンド社）を参照

▼**Inimitability（模倣困難性）**……その経営資源を保有していない企業は、その経営資源を獲得、あるいは開発する際にコスト上の不利に直面するだろうか？

▼**Organization（組織）**……企業が保有する、価値があり希少で模倣コストの大きい経営資源を活用するために、組織的な方針や手続きが整っているだろうか？

ビジネスシステム分析例（サムスン電子とアップル）

次ページ図8では、意匠に関してアップルに特許侵害で訴訟を受けていて、「コピー商品メーカー」との誹りを受けているがなんとしてもこの汚名を返上したいサムスン電子のビジネスシステム分析を例に取り上げた。

SWOT分析をして課題を抽出する

ここまでの分析結果の集大成として、6C分析のなかから自社（Company）を除いた5Cの要素の中で特にビジネス・ドライバーとなりそうな要素を選択し、外部環境分析の中核に据える。縦軸はビジネスシステム分析の結果を入れる。各々の要素をクロスすることで新たな意味合いを抽出し、自社の経営チャンスとリスクを見極め、経営やマ

マーケ	セールスチャネル	サービス（コンテンツPF）
・トップダウンによるプロダクトアウト ・1モデルでの一極集中の広告宣伝活動	・キャリア店販売 ・量販店 ・独自チャネル（Appleストア）	・iOS・iTunesによる強力な独自コンテンツPF（プラットフォーム）を保有
・各国・地域に即した独自のマーケティング ・売上高の3%（3千億円）の広告宣伝費(2012年) ・海外現法での広告宣伝費の本社での管理（売上の3.5%）	・キャリア店販売 ・量販店 ・Webストア ・サムスンストア（少数）	・iOS/AndroidOSが圧倒的なシェアを確保 ・自社PFであるbadaが普及していない
・多種製品を販売しているため相対的に広告宣伝費負担が重い	・Apple Storeほどの独自チャネルなし	・コンテンツでの差別化、収益化困難 ・プラットフォームがコントロールできない

図8　ビジネスシステム分析例～ サムスンのAppleとの違いに見る経営課題

	R&D	調達	製造
競合 Apple	・OS、ハードウェア、コンテンツ、プラットフォーム自社開発 ・意匠関連の特許多数	・全て外部調達（ファブレス化） ・製造をフォックスコン（鴻海）へEMS委託。CPUはサムスンへ生産委託。	
自社 サムスン電子	・売上の9%に及ぶR&D投資を毎年継続（2012年は1兆円） ・全社員の1/4がR&D人材 ・世界18カ所にR&D拠点を保有	・基幹部品（CPUメモリ、有機LCD/ELディスプレイ等）の自社G内製造による垂直統合モデル ・市場シェアトップのボリュームメリットを生かした低価格調達	・生産コストの低い国での自社工場展開（中国3カ所/ベトナム/ブラジル/インド） ・高級セグメント（Galaxy等）は生産は韓国内生産
		・自社構築のSCMシステムにより全世界での需要予測、在庫管理、生産管理を実現	
経営課題	・ユーザーインターフェイス・意匠の特許はAppleに押さえられており訴訟で劣勢。 ・OSはAndroidを利用。OSも含めたトータルでのつくりこみが困難	・メガEMSの調達力の脅威 ・基幹部品競争力低下リスク	・設備投資負担により損益分岐点が高いため、売上下降局面に弱い

ーケティング上の課題をあぶりだすのがSWOT分析だ。通常は以下のようになる。

S×O　積極的攻勢
W×O　弱点補強、段階的施策
S×T　逆発想、差別化
W×T　防衛、同盟、買収または撤退

まず、S×Oでビジネスチャンスをつかむ積極攻勢をまず徹底的に考察する。チャンスをモノにするために、W×Oで自助努力によるか提携などで弱点補強する方策も考える。

Tの脅威に関しては課題抽出を行ったうえ、致命傷にならないならばS×O、W×Oを優先する。これはビジネスチャンスに対応するほうが勝ちパターンに繋がりやすいからだ。S×Tの場合は強みを活用して脅威を打ち消す発想が必要になる。W×Tの場合は、同盟や提携も模索すべきであるが、緊急度やインパクトが高い脅威に自社の弱点をかけ合わせた戦略的な意味合いが最悪の場合は、傷を浅くしつつ撤退を選択する場合もある。

図9　クロスSWOT分析

・個々のインパクト、可能性などを分析する
・1つの事象が好機にも脅威にもなりえる
・5C分析（6Cから自社を抜いたもの）が有効
外部環境
Opportunity
1. ･･････････････
2. ････････
3. ･･････････････
4. ･････････
Threats
1. ･････････････
2. ･･････
3. ････････････
4. ････････
内部環境
・強み、弱みは自社と競合とを比較し、相対的なもの
・強み、弱みが逆転することもあり得る
・ビジネスシステム分析が有効
Strength
a. ･･････････････
b. ･･････････････
c. ････････････
d. ･･････
S × O
積極的攻勢
a X 1 ･･････････
b、c X 2、5 ･･････
c X1、3 ･･････････
dX 4、5 ･････
S × T
逆発想、差別化
a X 1、3 ････････
b、c X 3、4 ･･････
c X1、4 ･･････････
Weakness
a. ･･････････
b. ･･････
c. ･･････････････
W × O
弱点補強、
段階的施策
a X 1、2 ･･････････
b、c X 3、4 ･････････
c X1、3 ･･････････
W × T
防衛、同盟、買収
または撤退
a X 1、2 ･･････････
b、c X 1、5 ･･････
c X2、3 ････････

SWOT分析例（サムスン電子）

次に、図10にサムスン電子の分析事例を示す。

Ｓ②×Ｏ⑤として「規模の経済を活かし新興国で１００ドル（それ以下）スマホＮｏ・１を狙う」。Ｓ①×Ｏ⑥として「ウエラブル・コンピュータとスマホ連携技術を開発し、オリジナル性をアピール」という課題を設定することができた。

SWOT分析の結果に優先度付けする

ＳＷＯＴ分析の仕上げとしては、76ページ図11のように、抽出した課題の卵に判断基準の軸を設定してプロットしてみよう。

ＲＯＩ（投資収益率）やＥＶＡ（経済的付加価値）などの経済指標と、緊急度や理念合致性など、必要に応じて優先軸を決める。他にも、成功確率やリスク管理の容易さなど、状況に合わせて基準を設定する。

ここでは「ａ」のような経済的利得が大きく、かつ他の軸でも評価が高い事項は優先される。一方「ｂ」と「ｃ」の選択には注意を要する。「ｃ」の経済価値は大きそうだが緊急性が低く、かつ理念合致性が低い。「ｂ」はリターンが小さそうではあるが緊急

図10　クロスSWOT分析例　～サムスン電子

Cross SWOT	**Opportunity** ①スマートフォンの浸透 (22.5% ⇒ 67.3%) ②新興国でのスマホ市場拡大 ③タッチパネル・大画面液晶パネルのニーズ ④ HTML5 のデファクト化 ⑤新興国で 100 ドルスマホが拡大 ⑥ウエラブル・コンピューティングのニーズ	**Threats** ① OS の変化 ②通信技術の変化 ③規制の変化(外資規制等) ④対円ウォン高への転換 ⑤回線使用料の価格転嫁 ⑥特許権侵害による訴訟 ⑦低価格競争の激化 ⑧ Android を利用可能な端末間での競争激化 ⑨ウォン高
Strength ① CPU、液晶パネル、半導体等の部品技術を自社保有 ②出荷台数世界一のボリュームによる原価低減 ③世界中に販路所有。 ④高品質、高デザインのブランドイメージ ⑤ハイエンド～ローエンドの幅広い商品群 ⑥韓国政府のサポート ⑦開発リードタイムが短い	**・S ② × O ⑤** 規模の経済を活かし新興国で 100 ドル以下スマホ .No.1 を狙う **・S ① × O ⑥** ウエラブル・コンピュータとスマホ連携技術を開発し、オリジナル性をアピール **・S ② × O ③** 出荷台数規模を利用し他の携帯 Biz（広告 Biz 等）へ参入 **・S ② ×S ④ × O ①** ハイエンドスマートフォンによる高収益体質の獲得	**・S ② ×T ①、②** 通信キャリアや OS が無視できない規模を利用した協業による新製品、新技術の開発 **・S ②、④ ×T ⑤** 販売価格の上昇に対する耐性が他メーカーより高い。 **・W ② ×W ③ ×T ⑦ (コスト競争力 UP)** 自社を EMS 化して他の端末メーカーに納入することでボリュームを拡大し価格競争力を高める
Weakness ① OS を Android に握られている（囲い込みが困難） ②設備投資額が大きい（減価償却費の負担大） ③利益率が低い（対 Apple） ④ UI・意匠関係の特許・開発力が弱い ⑤幅広い商品群によるブランドイメージの拡散	**・W ①④ ×O ④** OS/ プラットフォーム依存からの脱却⇒自社 OS の開発による製品差別化・競争力の向上を目指しＴｉｚｅｎ推進 **・W ②、③ ×O ①** 製造リスクの分散 EMS への外注による設備投資の改善、利益率の改善	**・W ①、④ ×T ①、⑦、⑧** 製品差別化による競争力の向上 例：デザイン、HMI(音声認識、ジェスチャー認識等）の向上⇒ベンチャー企業の買収等による新たな仕組み構築 **・W ⑤ ×T ⑦、⑧** 新ブランド戦略(高価格帯、低価格帯でブランド名を分ける)

性も理念合致性も十分である。企業が業績不振で改革が必要とされている場合は、このような課題は「小さいけれど早く成果が実感できる：Small Quick Win」という観点で優先順位を上げる場合がある。成功体験が次のチャレンジに勇気を与えてくれるからだ。

図11　課題の優先順位付け

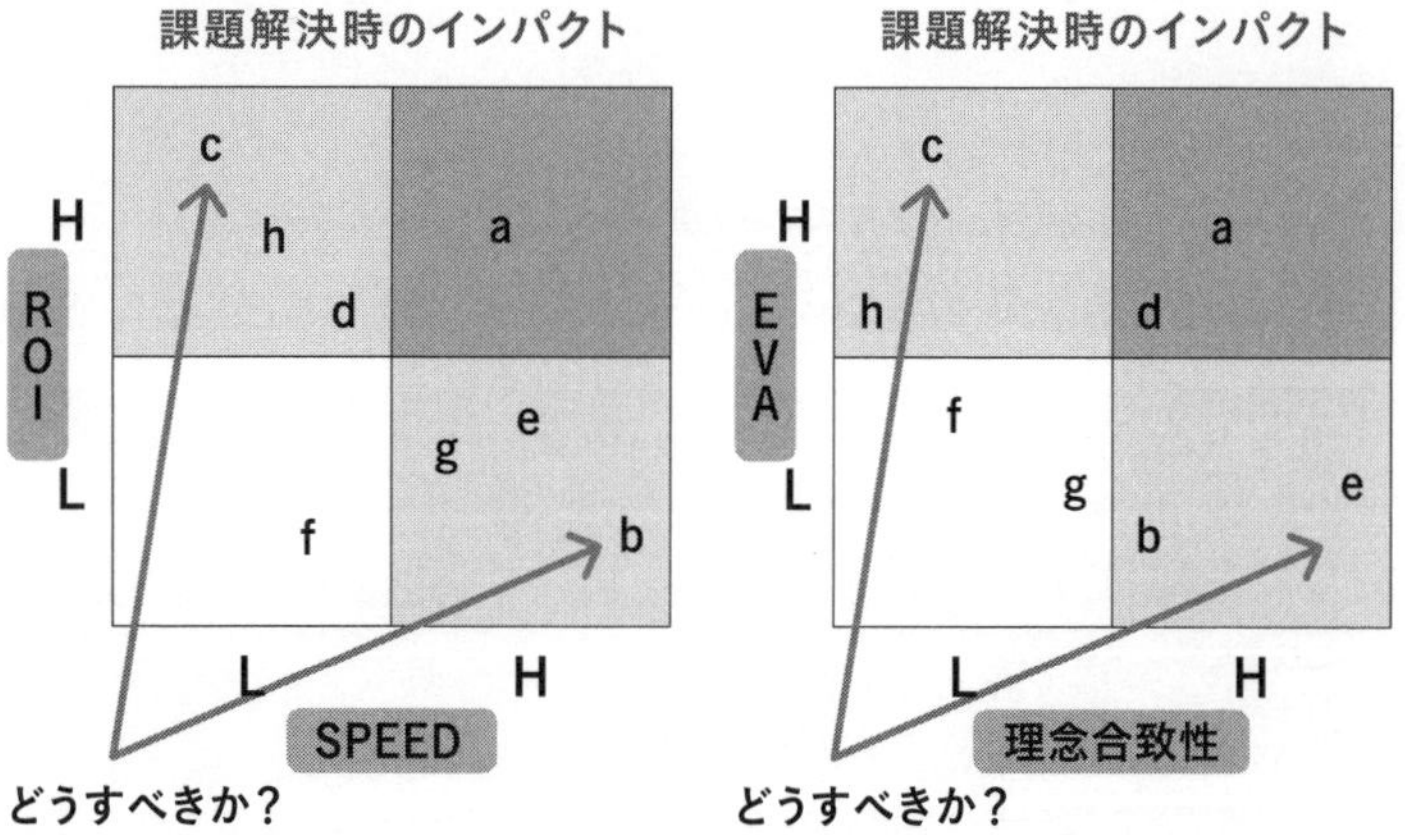

PART

3 顧客価値創造プライシングを最適化しなさい

良い顧客

×

［顧客にとっての価値：

×

痛み（ペイン）：下げ］

＝

顧客満足

＋

利益

第7章

狙うべき良い顧客は誰か決める（Segmentation, Targeting）

解くべきマーケティング上の課題を特定した後になすべきは、顧客価値創造のためにその解決策を策定することになるが、具体的にはＰＡＲＴ３第７章～第12章のマーケティングの管理サイクルを実行する。

利益を上げるためにまず「誰をお客様にするか？」を考えるべきである。顧客（市場）には様々な嗜好の顧客が存在する。同一のニーズを持ち、企業からコミュニケーションによって同じ刺激を受けたときに同じような反応をするであろう塊ごとに、顧客をいくつかのグループに分類してみることをセグメンテーション（市場細分化）という。分類された顧客の中で経済的重要性の観点から狙うべき優先順位を付けることをターゲティング（標的化）という。顧客のニーズは環境によって変化するので、変化の激しい場合には他社を出し抜く可能性が増し、ビジネスチャンスを生みやすい。それでは顧客ニーズをうまく探り出すには何をすべきだろうか。

新しい顧客の切り口を見つける（顧客細分化：セグメンテーション）

読者はご存じだろうが、現在マス・マーケティングと呼ばれる、全ての顧客に向けてテレビや新聞などのマス広告を媒体として使用してアプローチする手法は、効率と効果が悪くなっている。これは顧客ニーズが多様化しているためだ。

また、メディアが多様化して多くの消費者が、従来メディアであるテレビや新聞、雑誌から離れていったことや、番組を録画してテレビコマーシャルを飛ばしながら見るという視聴態度が加速して、メディア接触の状態が変容したからだ。

加えて、一般の消費者でさえマスメディアの主張や企業から発信されたメッセージである広告を鵜呑みにしなくなったという背景もある。

テレビの広告費用はメディアとして依然として最大ではあるが、２００７年に2兆円を割り込み、２０１２年に1兆７７５７億円と、ここ5年間で年平均２・３％ずつ長期的に低下している。新聞は5年平均マイナス8%、ラジオはマイナス5・7%、雑誌に至っては毎年平均11・1%減ってきた。一方でインターネットへの広告出稿がここ5年間で毎年26%伸び続けて8680億円となり、新聞と雑誌を抜いた[1]。

マス・マーケティングでは狙うべき顧客を特定するのに、地理的特性（大都市とそれ以外、関西と関東など）や人口統計的特性（性、年齢、所得、人種など）で切り口をつくることが多い。歴史的に顧客にアプローチするためにコスト効率の良いメディアはテレビコマーシャルだったので、ターゲットの切り口*もF1（20歳〜34歳の女性）、M2（35歳〜50歳の男性）といった大雑把なくくりであった。多少ターゲットが絞られるメディアは雑誌、ミニコミ誌であるが、メッセージの到達可能人数が少ない。

*視聴率調査会社であるビデオリサーチがテレビ視聴者のターゲット区分を定義した社内用語。後に広告代理店に浸透し、その後に様々な業界でターゲット区分となった。

C層　4－12歳の男女　（Cは英語で子どもを表す CHILD の意味）
T層　13－19歳の男女　（Tは英語で思春期の子どもを表す TEENAGER の意味）
F1層　20－34歳の女性　（Fは英語で女性を表す FEMALE の意味）
F2層　35－49歳の女性

（1）株式会社電通「日本の広告費」2013年2月

F3層　50歳以上の女性
M1層　20－34歳の男性（Mは英語で男性を表すMALEの意味）
M2層　35－49歳の男性
M3層　50歳以上の男性

しかし、20代の女性と同時に40代男性のニーズに応えるダイエット商品があり得るだろう。顧客の塊が「十把ひとからげ」から「十人十色」に細分化し、ついには「一人十色」つまり、一人の人間のニーズが時と場合によって多様に変化する状況になったからだ。これによって心理的特性、行動特性を加味し、顧客を性、年代、年収、家族構成、人種など、単なる数字の羅列としてでない「人間としての」理解が重要になった。

従って心理特性、購買行動特性に重点を置くべきだ。新しい顧客のセグメントを見つけるためには「顧客のニーズ」を切り口の基本にするべきなのである。またそれは、次ページ図１に示すように様々な切り口があるので、重層的に行っていくことが必要である。

ネットを使うことが一般化しソーシャルメディアで繋がっている消費者は、ＩＴ技術の発達したことで、ニーズやライフスタイル（心理、行動特性）を起点にした分類によ

図1　マス・マーケティングとターゲット・マーケティング（イメージ）

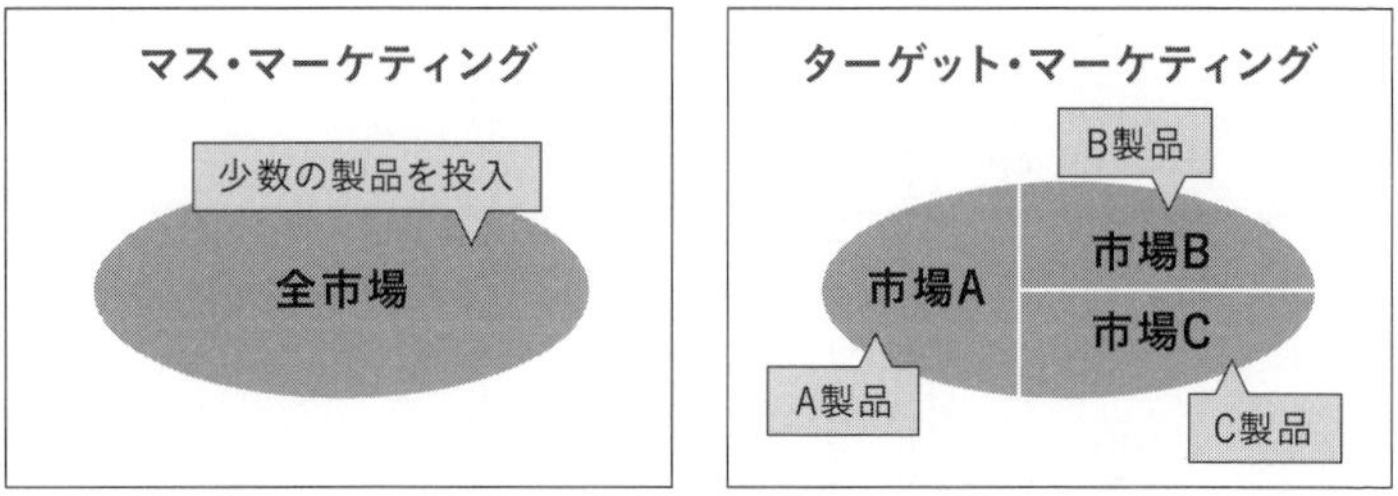

※現在はターゲット・マーケティングが主流

セグメンテーションの例

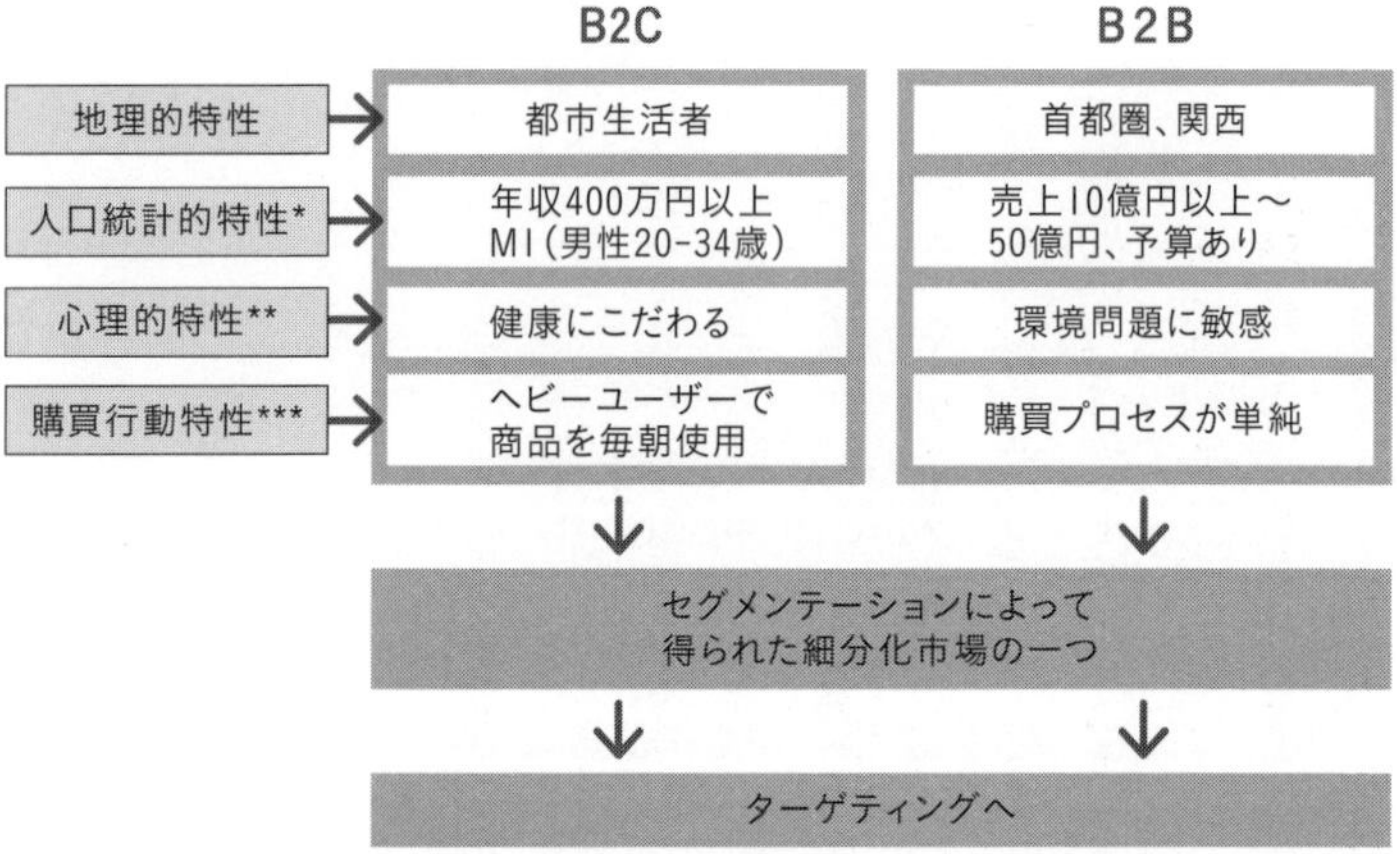

	B2C	B2B
地理的特性 →	都市生活者	首都圏、関西
人口統計的特性* →	年収400万円以上 M1（男性20-34歳）	売上10億円以上〜50億円、予算あり
心理的特性** →	健康にこだわる	環境問題に敏感
購買行動特性*** →	ヘビーユーザーで商品を毎朝使用	購買プロセスが単純

*　：性別、年齢、職業、所得、学歴、ライフサイクル、世帯規模、世代、人種などのプロフィール
**　：ライフスタイル、好み、価値観、信念（宗教）、社会階層、パーソナリティなど
***　：ニーズと追求便益、購買契機、使用量・頻度、使用状態、ロイヤルティ、購買準備段階、製品に対する態度など

ってターゲット設定がより正確にできるようになった。特に、スマホに入っているＧＰＳのチップとＮＦＣチップ＊とソーシャルメディアの相乗効果で企業は多くの顧客の行動データを手にして分析できるし、行動をベースにした「行動ターゲティング広告」も駆使できる。

＊ＮＦＣチップ……通信近接場型の無線通信（NEAR FIELD COMMUNICATION）。非接触で十数センチの距離でできる、小電力無線通信技術。コストが安く、国際規格ができたため普及に弾みがついた。

また、自社ウェブサイトに一度でも訪れた人を狙い撃ってメッセージを発信し、再訪を促すリ・マーケティングも可能だ。ＪＲ東日本がスイカの乗車データと購買データをかけ合わせたビッグデータを日立製作所との事業としてマーケティングサービスを開始することになったが、これはマーケティングの新しい可能性を示唆している。定量調査もネットを活用することで安く、早く、手軽にできるようになった。放送と通信の垣根がなくなってきたことによって、テレビ側からの逆襲としてスマートＴＶを使った双方向のサービスの提供も開始された。

マーケティングを高度化しようとする意思のある者にとっては新たに顧客を見つめ直すチャンス到来なのだから、前向きにデータを活用すべきだ。

日本の個人情報保護法は米国よりも厳しいようだ。ここに一般消費者のＩＴリテラシーが低いという組み合わせで極端な個人情報保護に走ったり、パニックが起こったりすると、日本はマーケティング途上国のままになる。一般消費者の不安を払拭するためにも個人情報の取り扱いに対して、消費者庁と識者、関連企業と一緒になって明快な指針を早期に設定されることが望まれる。

顧客のニーズとウォンツをつかみ取れ

マーケティングで成功するには、まず人間が何かを欲しくなる心のメカニズムを理解すること、つまり、顧客ニーズとウォンツの理解が必要だ。ニーズとは、自らがありたい姿と現状のちょっとした差を認識し、欠乏や不満を感じることである。

人の動機付けで最も大きいものはニーズに対し自分の状況を少しでも改善したいという欲求（ウォンツ）だ。人は多くの場合、具体的に「これが手に入れば自分のウォンツ

図2　ニーズ*とウォンツ、需要とは？

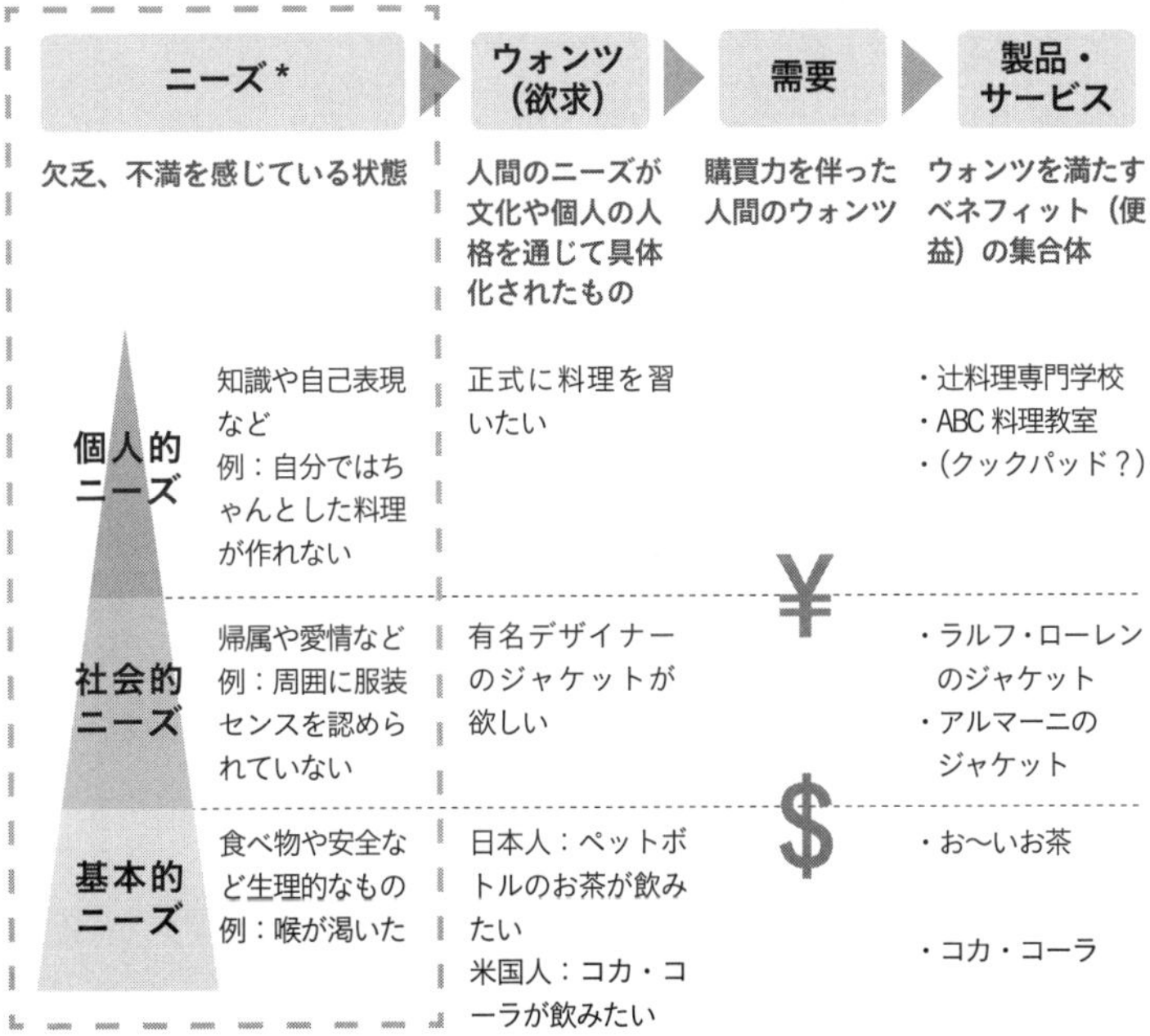

	ニーズ*	ウォンツ（欲求）	需要	製品・サービス
	欠乏、不満を感じている状態	人間のニーズが文化や個人の人格を通じて具体化されたもの	購買力を伴った人間のウォンツ	ウォンツを満たすベネフィット（便益）の集合体
個人的ニーズ	知識や自己表現など 例：自分ではちゃんとした料理が作れない	正式に料理を習いたい	¥	・辻料理専門学校 ・ABC料理教室 ・（クックパッド？）
社会的ニーズ	帰属や愛情など 例：周囲に服装センスを認められていない	有名デザイナーのジャケットが欲しい		・ラルフ・ローレンのジャケット ・アルマーニのジャケット
基本的ニーズ	食べ物や安全など生理的なもの 例：喉が渇いた	日本人：ペットボトルのお茶が飲みたい 米国人：コカ・コーラが飲みたい	$	・お〜いお茶 ・コカ・コーラ

*:潜在ニーズと顕在ニーズも存在する

は満たされる」ことを知覚している。そのニーズを満たすための手段を明確に意識してブランドを指名買いするというウォンツを起こさせればしめたものである。

安全な生活を送りたいとか、喉が渇いたなどの生理的に不満を持つものや、身の安全に対する基本的なニーズから始まって、人は帰属や愛情、承認を求める社会的ニーズや、最終的に自己実現のニーズを感じるようになっていく。この経験の過程で他の製品では補えない特定の商品に対する欲求を生成させることがマーケティングで付加価値を得る最善の策だ。

例えると、刺すように喉が渇いたときに多くの米国人ならば「ああ、コカ・コーラが飲みたい！」と思うかもしれない。でも、あなたは「今は、お～いお茶だな」と思う。これらは各人が育った文化、経験や学習の成果によって記憶に刷り込まれている。

最近奥さんに「あなたはぶくぶく太って見苦しい！これ以上太ったら離婚よ！」と宣言されていて愛情の欠乏を感じている某米国人は、基本的ニーズと社会的ニーズを感じて「ああ、ダイエット・コークが飲みたい！」という欲求が起こる。ダイエットに成功して会社の同僚に自慢したいのかもしれない。

コカ・コーラ好きが高じ、コークマニアともいうべき私の知人はコーラ関連グッズの収集家でもあった。当然ブランドの歴史や販売促進キャンペーンに詳しくコカ・コーラのマメ知識も学習し、周囲にそれを披露して楽しんでいた。3段階目の、知識、自己表現レベルの個人的ニーズを感じているのだ。

ちょっと贅沢品でよく売れるものは、この3段階目の探求・知識・学習・自己表現などのニーズを自覚させ、欲求に転化させることが多い。ワイン好きや車マニアはブランドの価値を支える理由が知りたいという探求心、知識欲からブランドの歴史や原材料、製法、作り手のこだわりなどの細かなストーリー性に魅せられてファンになる。蘊蓄《うんちく》話は消費者に欲求を駆り立てる良いスパイスになる。このニーズレベルの縦進化を注意深く読み解く必要がある。ただし、その欲求を感じてくれた顧客群が価値の「交換」に応じるだけの経済的力を持ち、かつ一定以上の規模があれば、それは「需要」となる。

顧客価値を創造するマーケティングをするにはなぜニーズにまで遡ってその構造を理解する必要性があるのだろう？ もしあなたがニーズとウォンツの定義を理解せずに、顧客にインタビューして「ダイエット・コーラが飲みたい！」と言われたら、「そうか、それがニーズだ」と解釈し、「ダイエット・コーラに似た商品をつくれ！」と命令するかもしれない。

既知の欲求に対して解決案のブランドが確立している場合、模倣は失敗に終わることが多い。そうではなく、その表面上の欲求から奥に潜むニーズを探り出し、縦方向に進化させるか、もっと奥を掘ってみる。ニーズには顕在化しているものと、未だ本人も気がついていない潜在ニーズがある。コカ・コーラが飲みたいのは単に喉が渇いただけではない。「長時間仕事して疲れた。イライラする」という潜在ニーズに気づき、そこに気分を変える（リフレッシュメント）という便益（ベネフィット）を提供してきたのだ。

潜在ニーズの事例としてソニーの商品企画を10年以上務めている方に伺ったウォークマン誕生のエピソードは興味深い。

当時の井深会長がある日、米国出張に出かけた

図3　SONY　WALKMAN（イノベーションの事例）

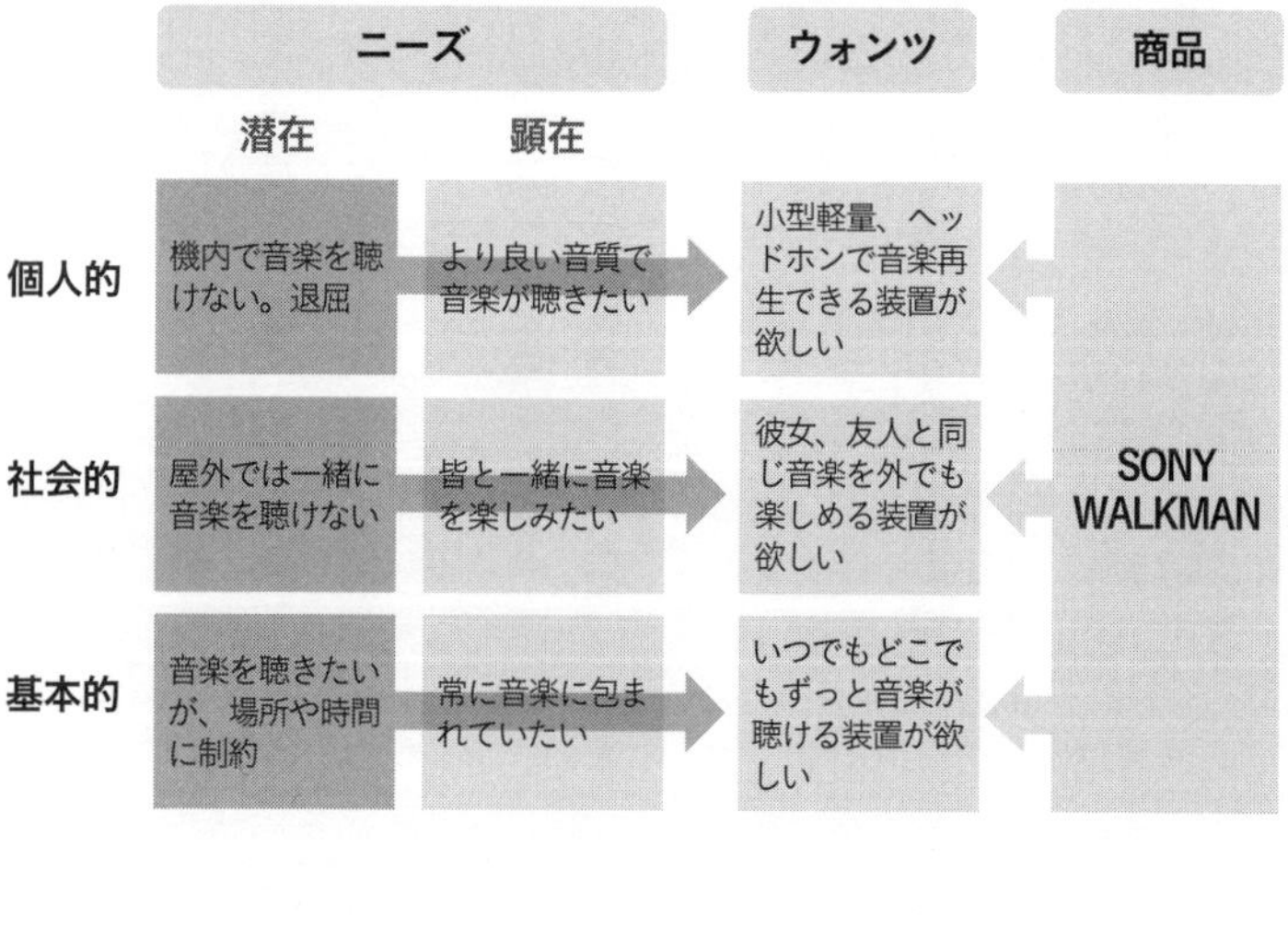

機内で暇を持て余していたそうだ。そこで周囲に気兼ねすることなく音楽が聴きたいと強く感じた。通常の人では、「仕方ない」と諦めてしまい感じることのないニーズである。そして、当時大きくてかさ張るテープレコーダーの録音機能などをそぎ落とし、ステレオにしてヘッドフォンを付けた「ウォークマンの原型」を思いついた。「それならば、私が欲しい！」とウォンツを感じたのだ。早速帰国して部下にプロトタイプをつくらせ、それを次の海外視察で持参し大いに楽しんだという。それを帰国後見せられた盛田社長は、即座に「これは売れる」と確信して製品化を指示したという。

　潜在ニーズを顕在化できると、これまでに無い商品なのでイノベーション*を起こす商品となる可能性が大きい。顧客の潜在ニーズに対し気づきを与え、ウォンツ、需要につなげることが大ヒットの条件なのだ。一方、一般人はこれまでにない商品コンセプトへの想像力が乏しいため潜在ニーズを知覚できない。

　よって当時行った市場調査の結果は「この商品は売れない」というものだったそうだ。市場調査の限界である。そのためコミュニケーション戦略は消費者にまず商品を「体験」させることを中心としたものになった。盛田社長は「ソニーは市場に奉仕するのではなく、ソニーが市場をつくるのだ」と公言していた。

＊イノベーション……経済活動において、旧方式から飛躍して新方式を導入すること。新しい商品（財貨）の生産、新しい生産方法の導入、新しい販路の開拓、新しい仕入れ先の獲得、新しい組織の実現（独占の形成、あるいはその打破）
『経済発展の理論―企業者利潤・資本・信用・利子および景気の回転に関する一研究』J・A・シュムペーター（岩波文庫）より

イノベーションとは新しい技術の発明（≒技術革新）だけでなく新しいアイディアから社会的意義のある価値を創造し、社会的に大きな変化をもたらす自発的な人・組織・社会の非連続な変革を意味する。ウォークマンは技術的に際立って革命的ではないが、人間がどこでもパーソナルに音楽を楽しむというまったく新しいライフスタイルを生み出したという点と、それが数億人に普及して音楽文化を変えたという点で、iPod よりも偉大なイノベーションではないか。

今後は「モノ」機能の消費よりも「コト」つまりサービスや購入前の経験、購入、使用、廃棄に至るまでの経験を消費することが重視される。イノベーションが益々必要とされていくだろう。

ペルソナをつくる

そのターゲット顧客を特定した後に「顧客価値の選択」から「価値伝達」まで社内・外で徹底した一貫性を持たせる有効な手法としてペルソナ・マーケティングがある。製品を開発、改良する際に、ユーザーの使い勝手を向上させるために人間工学や認知工学を踏まえ「人間中心設計」の観点から現実感のある個人を想定してデザインする。その際に意図して個人を特定し、「浅井隆太朗」などという仮称の名前に、年齢、住所、家族構成、価値観、ライフスタイル、商品購買・行動特性などを含んだ架空のターゲットプロファイルを設定する。これが「ペルソナ」である。

時折企業で作成したペルソナを見せていただくと単なる担当者の思い込み、思いつきでつくった「疑似ペルソナ」のことが多い。そのような簡易ペルソナ（仮説としての初期ペルソナ）で終わらせるのではなく、アンケートからの定量データでクラスター分析*を行い、簡易ペルソナに骨格を与える。このクラスターに定性データの分析を組み合わせて肉付けをして、商品企画と上市《じょうし》プロジェクトにかかわるメンバー、ひいては販売部

図4　ペルソナ分析例①（スマホのターゲット）

ペルソナ　Type I		シナリオ・具体的ゴール
 **浅井隆太朗** 「金使わなくてもカッコイイのが大切だよね」 対象人口 約42万人	**・地理 / 人口統計的特性：** 21歳男性。練馬区に両親と住み、都内の大学に通う3年生。毎月使えるお小遣いは親から貰う3万円とバイトで稼ぐ4万円で計7万円 **・心理特性 / 行動特性：** ケータイは未だにガラ携なので、就活のためにスマホに買い換えを考え始めている。スマホのデザインは重要。良く携帯を落として傷つけるので、それが嫌 ・電話は極力かけない。メール中心。パケット料金定額制にしているので、よくフェイスブックやツイッターで暇つぶしする。就活情報のやりとりは重要。携帯でゲームをやっている。月に1万円近い携帯代が悩み。携帯にこれ以上お金はかけたくない ・ファッションに興味はあるので服には1－2万円程度使う。飲み会は月に2、3回、一度に3千円使う。節約のため自宅でご飯を食べる ・良く読む雑誌は週刊少年ジャンプ、メンズノンノ **・大きなゴール：** 雑事は効率的に、スマートにこなす。少しでもムダな時間が嫌なので、趣味など自分の時間を十分持ちたい	・WEBでこの夏発売の手頃な価格の新製品のスマホを検索 ・フェイスブックの書き込みとラインで友人の意見を参考に対象を絞り込み、最後は店頭でデザインが良いXXを選択、購入 ・使って見ると多少大きいが、意外に滑らず落としにくい ・思ったよりゲームのアプリが面白く、お金を使ってしまう ・スマホで就活情報の収集と、企業のフェイスブックへの書き込みをして、希望企業の説明会に臨んだ。知識を活かして上手く受け答えした

隊にペルソナとマーケティングプランを信じる根拠を与えることで信頼性を得るのだ。

ペルソナが持つ世界観と望む顧客価値（機能・情緒価値）や、それを提供するシナリオ描くことがマーケティングプランを実行に移す際に極めて有効だ。

＊クラスター分析……集団、集落のこと。地理的、人口統計学的データや、趣味・ライフスタイルなどの心理的特徴、ニーズや商品をどう使うかなどの行動パターンなどをベースにして似たようなグループにくくり、対象を分類しようという方法。「生活者サイドの視点に立った分類」を発見できる。クラスターとは元来ブドウの房の意味。

ペルソナの主な使用便益は、

図5　ペルソナ分析例②（スマホのターゲット）

ペルソナ　Type 2		シナリオ・具体的ゴール
 **青木勝** 「ハイテク使いこなす自分が好き」	**・地理／人口統計的特性：** 35歳男性。横浜市のマンションに、元同僚の妻と小学生2年生の娘と3人暮らし。年収500万円	・日経のWEB版をスマホで通勤時に読めたら時間が節約できるから、良いなと思う ・ちょっと出来る営業というイメージを持たれたい
	・心理特性／行動特性： 仕事で使う会社支給の携帯と、個人の携帯と2台持ちで、煩わしく思っている 最新機能、アプリが使いこなせることが重要。仲間には最新のIT機器を使いこなしている人と思われている	

①▼関係者（マネージメント、研究・開発チーム、マーケティング、営業など）全員が共通のユーザーを想定して企画、実行ができる。

②▼ターゲット顧客の行動、感情、提供価値に対する評価の実像がわかりやすくなる。

③▼時間や状況が変わっても開発後期になっても初期のペルソナが生かされ、ターゲットユーザー像がブレないように戻るべき基点をつくる。

④▼製品ライフサイクルに沿ってペルソナも成長し、適時の打ち手が想定できる。

これによって商品開発からその後の売り方まで首尾一貫したアプローチを取ることで顧客に「共感」を届けることができるようになる。

マイクロソフトのビジュアルベーシックやエクセルなどの大ヒット商品は、ペルソナ・マーケティングの成功事例である。日本でも大和ハウスなどの事例などが挙げられる。一時期流行し下火になった感があるが、私の顧客企業では現在も有効なセグメンテーションの手法として採用されることが多い。

顧客の生涯価値を念頭にターゲットを選択する

顧客の生涯価値とは、１人の顧客との生涯にわたる継続的な関係を築くことによって、企業が提供する価値に対して交換のために支払う対価のうち利益に換算されるものの総額をいう。

初期の新規顧客獲得コストを投資として捉え、ターゲットセグメント毎に大まかな購買平均利益と頻度を計算して、そこから発生するキャッシュフローを割り引いて現在価値を求める。

顧客価値創造プライシングでは、売上至上主義ではなく顧客の便益と企業の利益のバランスによってウィンウィンとなり継続的な関係を構築することを目指すべきである。以前では、この生涯価値の計算はコストが高く実行が困難であった。現在ではウェブを用いた調査によりコストが低減され、かつＳＮＳや店頭での会員カードとＦＳＰ＊のデータなどを入手することによって、キャンペーン投資による新規ユーザーの顧客獲得情報を管理し易くなってきた。

私のクライアントでも、ＦＳＰの会員がテレビコマーシャルや他メディアと接触してから、競合から自社へのブランドスイッチした効果を定量的に計算して、その際のキャンペーンＲＯＩを算出している。このブランドスイッチを調査しモニターして報告をしてくれる調査ベンダーも存在する。これとウェブ調査をかけ合わせれば、生涯価値が推定できる。

＊ＦＳＰ（Frequent Shoppers Program）……ポイントカードやサービス提供カードといった顧客カードを発行して、顧客ごとの購買データを分析し、顧客を購入金額や来店頻度によってターゲティングする。セグメント別に特典を変えることによって個々の顧客に最も適したサービスを提供し、かつ効率的な販売戦略を展開して、優良固定客の維持・拡大を図るマーケティング手法。なお、航空産業のサービスは似ているが、ＦＦＰ（Frequent Flyer Program）と呼ぶ。

セグメント毎の市場の魅力を収益性（顧客生涯価値としての市場規模×収益構造）の観点と、市場の伸び、そしてその市場で自社ブランドが勝てそうかどうか？　この３つの観点から有望な市場を選択することがターゲティングである。セグメンテーションで設定したペルソナ「浅井隆太朗」をまずコアターゲットと設定し、次にペルソナの「青木勝」を第２のターゲットとする。といった具合だ。

図6　セグメントをターゲティングする

マス・マーケティングとターゲット・マーケティング（イメージ）

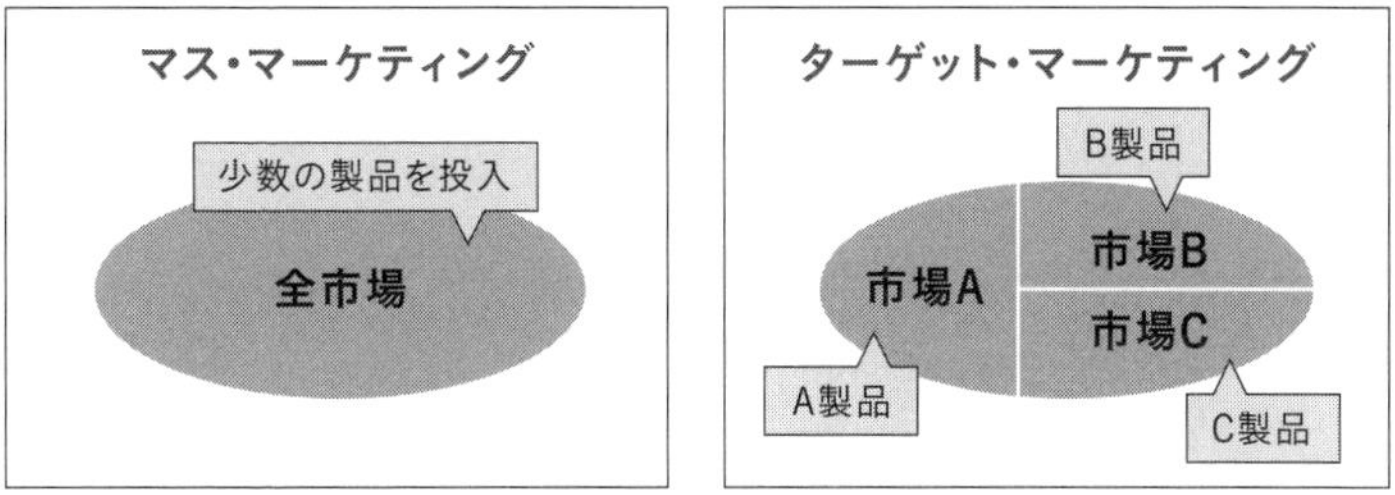

※現在はターゲット・マーケティングが主流

ターゲティングの例（イメージ）

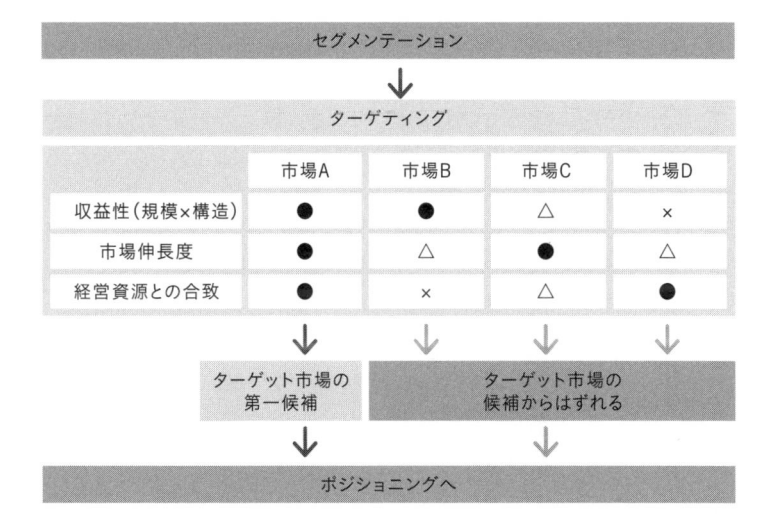

セグメンテーション

↓

ターゲティング

	市場A	市場B	市場C	市場D
収益性（規模×構造）	●	●	△	×
市場伸長度	●	△	●	△
経営資源との合致	●	×	△	●

市場A ↓ ターゲット市場の第一候補 ↓

市場B・市場C・市場D ↓ ターゲット市場の候補からはずれる ↓

ポジショニングへ

顧客を自社のファンにする

顧客の生涯価値を計算してターゲットと選択し、獲得した顧客を維持し、それだけでなく「深化」していただくことが重要だ。コトラーによればＧＭでは新規の顧客開拓には既存顧客の維持の５倍以上の経費がかかることを発見したそうである[2]。また、企業間取引（Ｂ２Ｂ）の場合は、概算で20倍から50倍にもなる。

「見込み客」から、単なる1度きりの購買をしていただいた「顧客」を創造する。その際には「返報性の原理」を活用することはひとつのアイディアだ。

人は他人から何か嬉しいことをしてもらうと、何かお返しをしないといけない気持ちになる心理が働く。無料でサンプルをもらったり、価値のあるメルマガを無料で配信してくれたり、「でんかのヤマグチ」で病院にまで連れて行ってもらうような裏サービスを受けると、ここで買わないと悪い気がするという心理が働く。

情に厚い高齢者であれば尚更であろう。エステサロンでの無料カウンセリングやブティックで相手の好みをカウンセリングしてくれ、「これでもか」というくらい製品をテ

（2）『コトラー８つの成長戦略 低成長時代に勝ち残る戦略的マーケティング』（碩学舎）

ーブルいっぱいに広げて説明してくれるので、元に戻す手間を想像すると返報性が働く。

その後には、足繁く通う「得意客」になっていただく。しかしそれで顧客深化の道は終わったわけではない。次には「支持者」として積極的に自社の商品を周囲に勧めてくれるようなレベルから、事業によっては一緒に商品を販売促進してくださるパートナーにまで深化させることを想定すべきである。

彼らはそのブランドの伝道師となって周囲に口コミしてくれるだけではなく、時には協業や共同開発（Co-Creation）して、商品企画の手伝いをしてくれる可能性もある。数的にはトップ20％程度の伝道師が80％の売上貢献をしていただいている例はよくある話である。ネットでのアフィリエ

図7　顧客深化も20:80の法則（パレートの法則）

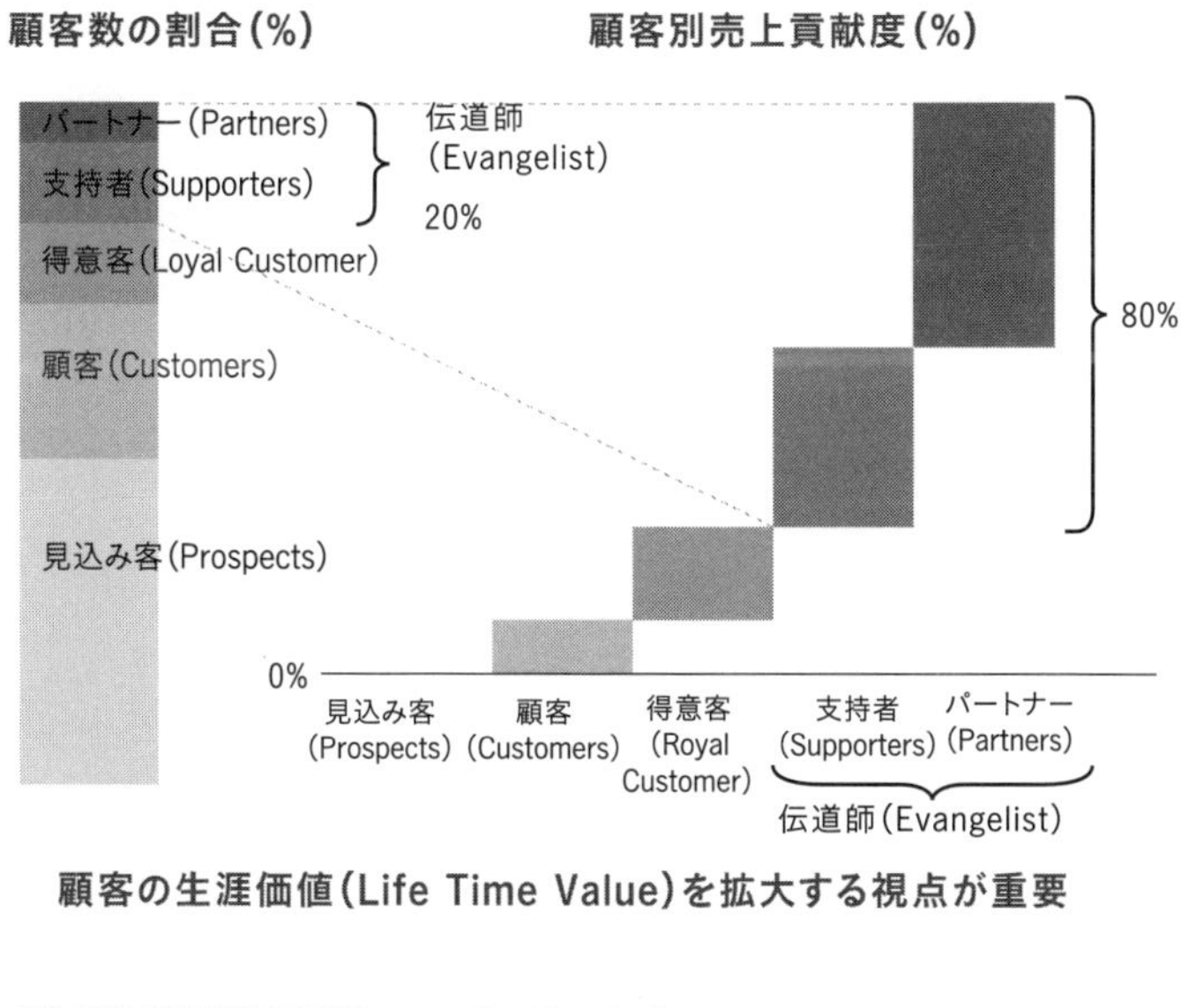

イト*を狙って口コミを広げてくれるアドボケーター（宣伝者）になることもある

＊アフィリエイト……成果報酬型広告の意味。ウェブサイトやメールマガジンなどが企業サイトへリンクを張り、閲覧者がそのリンクを経由して当該企業のサイトで会員登録したり商品を購入したりすると、リンク元サイトのオーナーに報酬が支払われる広告手法

「でんかのヤマグチ」の事例であるように企業との密接な関係値を構築した顧客は単なる得意客ではなく、周囲にヤマグチを紹介してくれる「支持者」になる。無印良品は商品アイディアを広く募集して数多くの定番商品を開発してきた。これらのファンを創造するには、ザッポスのように一度の顧客満足ではなく、継続的に「ワオ！」を提供し続ける必要がある。

周囲にハーレーダヴィッドソンのオーナーがいたら「ハーレーって、乗っていてどう?」と聞いてみると良い。きっと彼、彼女の「ＷＯＷ！」体験を飽きるほど聞かせてくれるはずである。そして最後に「あなたも乗ってみたら? そうしたら、私の言っていることがわかるよ」と勧めてくる。

彼らの多くは「ハーレー・オーナーズ・グループ：ＨＯＧ」というファン組織に入会していて、ハーレー・オーナーズ・グループは世界１３１ヶ国、90万人以上のハーレーオーナーをつなぐ世界最大のライダーズグループである。日本のメンバーは約３万５０００人で、全国のハーレーダヴィッドソン・ジャパンの正規販売網が１４５の地域会員組織を運営している。定期的なツーリングやイベントを開催し、ハーレー体験を共有する最大のマーケティング施策だ。

ハーレーは１９８０年代に一時期、日本車の攻勢を受け消滅しかかったが、このユーザー体験を広める仕組みづくりに成功して、ホンダ、ヤマハ、カワサキ、スズキというオートバイの主要４大メーカーを擁するバイク王国の日本で、大型バイクでシェアＮｏ・１になってしまった。

私はユナイテッド・アローズというセレクトショップに10年程度通っているが、それは懇意にしている販売員、佐藤さんがいるからである。私の服飾の好みだけでなく持っている洋服をほぼ把握してくれている。

会員のみの先行特別割引セールの案内が届くし、私が好きそうな商品を取り置きしておいてくれる。暑い日にはそっとクロムハーツのペットボトルを出してくれる気遣いが嬉しい。これまで相当数の友人も紹介した。佐藤氏だけが特別なのではなく、他の従業員のサービスレベルが高いと感じる。

この企業は数あるセレクトショップの中で顧客接客ランクの上位にランクインするが、その接客指導とビジョン教育の仕組みに定評がある。業績も群を抜いて良い。企業のビジョンに共感を持っている従業員が顧客の共感を呼ぶものだ。ディズニーでもこの共感を生む従業員教育が徹底している。

第8章

ブランド独自のポジションを見つける(Positioning, Branding)

孫子は「兵法」の「謀攻篇」で実際の戦闘に拠らずして、勝利を収める方法を評価して「百戦百勝は善の善なるものに非ず。戦わずして人の兵を屈するは善の善なるものなり」と述べている。

価格戦争による消耗戦を経験したことがあるなら、戦わずして勝つことに共感するマーケターは多いだろう。ここから顧客価値創造プライシングに欠かせない要素として、差別性のあるポジショニングとブランディングは表裏一体のものであることを説明していきたい。

ポジショニングを決める

選択したターゲット市場に競合がいる場合、製品が同等のものであれば後発企業の取り得る競争戦略は価格を切り下げることしかない。それが引き金になって泥沼の価格戦争に陥る可能性は十分にある。[1] 消費者は便益を受けることができるが、業界全体の利益が流出することになる。これを避けるには、新たなポジショニングを設定して差別化する必要がある。

ポジショニングは「ターゲットの心に、企業の提供物やイメージを、自社独自の競争優位性のある場所を占めるようにする活動」ということができる。良いポジショニングはターゲット顧客がその商品を買うべきと説得する力の強い理由になる。主な要素は

誰が…… どのような価値を持ったブランドが
誰に敵対し…… どの競合ブランドの特徴に対抗して
何を…… どのような利用機会のユニークな消費者便益を提供するか

（1）価格戦争への対処法は後述する（207ページ）

である。次ページ図8のボルボの事例のように、他社ブランドと比較して差別化を図る場合には顧客の判断基準となる「軸」を考える。顧客の認知を容易にして刷り込みができる可能性を考えると、ポジショニングの軸設定はユニークで、少ないほど良い。

そのポジショニングの伝えたいことの総称をValue Proposition（価値提案：あるブランドのポジショニングの根拠となるベネフィット全てを合わせたもの）というが、次のチェックポイントを念頭に置いて設定して欲しい。

①▼顧客にとって重要な便益があるか？
②▼競争優位性ある差別化か？
③▼模倣困難性はあるか？
④▼顧客はそれを認識し信頼できるか？
⑤▼収益性は確保できるか？（価格を重要な軸とする場合に重要）

ボルボは新規市場にステーションワゴンで参入する際、競合Xに対抗して「安全性」をポジショニングの軸に据えている。

唯一の対競合の強みを「この点で我々がＮｏ・１である」と繰り返し主張していく

図8　ポジショニングの軸設定は最小に。最大3軸まで

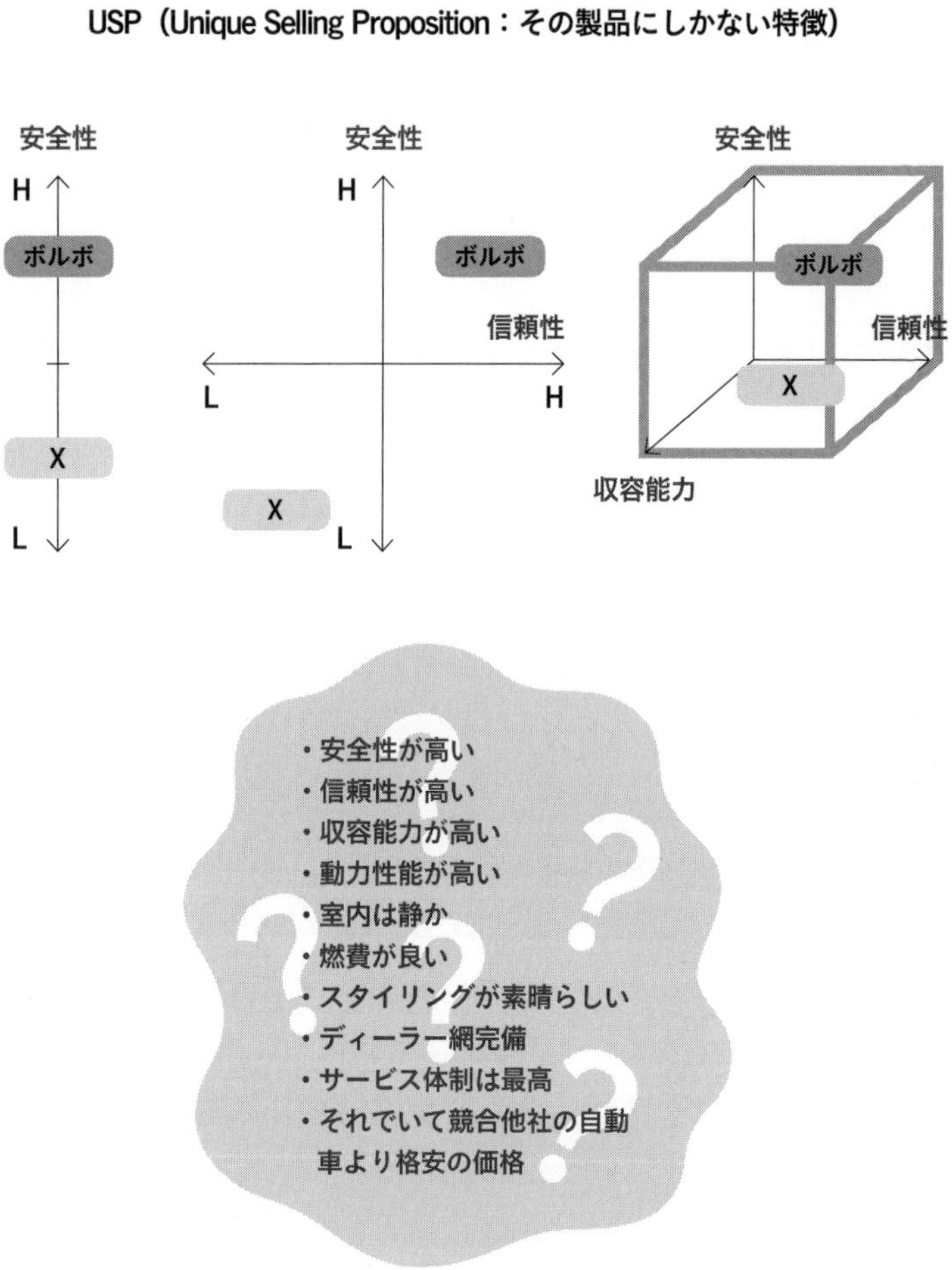

と、顧客の脳裏にそのブランドの特長が残りやすい。

他社が同様の主張をして対抗してきた場合に、模倣困難性を向上させるために「安全で、耐久性が高い」というポジショニングに軸を加えることもある。同様に3軸まで加えて「収容能力が高い」ことを差別化の要素に加えることもある。しかしそれ以降に4つ5つと利点を積み重ねていくと、とたんに顧客には競合ブランドとの差別性がぼんやりしてきてエッジを失い、まったく記憶に残らなくなる。

一般人には4次元空間は想像できないのだから、競合との相対距離や位置も知覚できないのだ。決してポジショニングで4軸以上を考えてはいけない。

日本の事例では、牛丼の吉野家のポジショニング（彼らの定義ではブランド・コンセプト）の変化が興味深い。

▼「うまい、早い」……東京都中央区日本橋にあった魚市場が築地に移転した創業時のもの

▼「早い、うまい、安い」……1970年代チェーン化した際に変更。ファーストフードであることが重要な差別化ポイントだったわけである。

▼「うまい、早い、安い」……出店過剰と「味が落ちた」という問題から経営不振となり1980年に会社更生法を適用。復活する際、本来のコアコンセプトに原点回帰するため、味の追求を前面に出した。

▼「うまい、安い、早い」……2000年以降にデフレ圧力と競合の低価格競争に対抗するため変更。コアとしての「うまい」を軸にして他2つのポジションを交代させた。

顧客インタビューをしてみると、吉野家に足繁く通っていた時期によって、このキャッチフレーズの記憶順序が異なるようだ。

成功するポジショニングは「シンプル」である。

図9　差別化ポイントが明快なポジショニングマップを描く

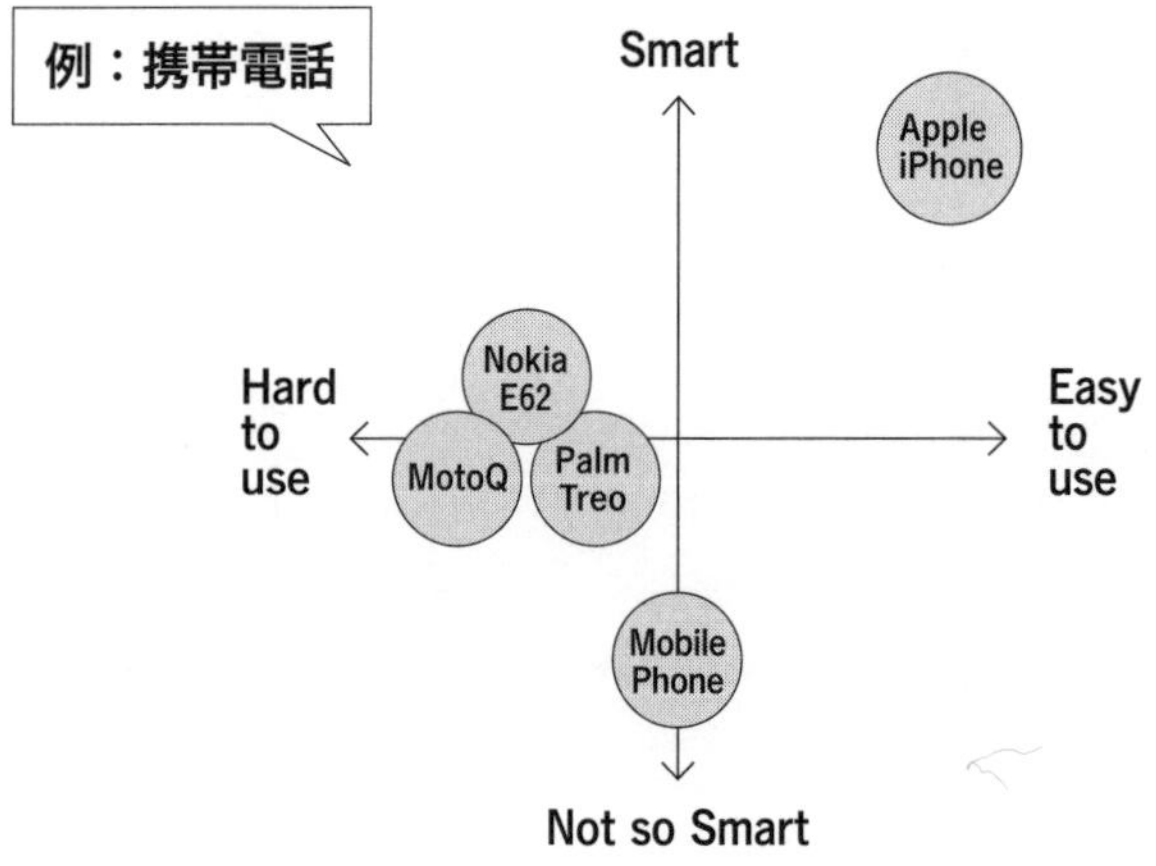

ちなみに2007年にスティーブ・ジョブスがiPhoneを発表した時に使用したポジショニングはこれだ。このポジショニングを忠実に表現したTVコマーシャルは「こんなことも、あんなこともできるのに、へえ。カンタン。指でなぞるだけ。ああ、これ電話だったっけ」と、誰にでも理解できる表現で爆発的なヒット製品となった。

日本企業は捨てることが苦手だ。戦略実行のための経営資源は限定的なので、強みを強調するポジショニングにはトレードオフが起こる。競合がやっていることを指摘して「あれも、これもできないと困る」という平均主義の偉い人が口を出してポジショニングを決めると、結果として差別化が効かず敗退するという皮肉な結果が待っている。

ブランドのストーリー化

特長のあるポジショニングを想定する場合には、強いブランドをつくる行為として、「ブランディング：ブランドを構築し顧客からの認知、共感、信頼を勝ち取る戦略」が伴わなければならない。

全米マーケティングアソシエーションの定義によれば、ブランドとは「ある売り手あるいは売り手の集団の製品およびサービスを識別し、競合相手の製品及びサービスとの差別化することを意図した名称、言葉、サイン、シンボル、デザイン、あるいはその組み合わせ」である。例えばコカコーラのブランドには、女性のくびれ（ウエーブ）を思わせる独特の瓶の形をアイコンとして意匠権も確保していた。瓶から缶商品が主流になる際には、アイコンをウェーブのデザインに転化させた。五感に訴える全ての差別化要因を駆使するのである。

ブランドを際立たせることのメリットを知る

強いブランドを構築する利点には何があるだろうか？

まず、普及品と比べて以下の利点がある。

①▼プライシングをする際、プレミアム性を甘

図10　ブランドを決めてストーリー化する

要素	内容
ブランドネーム	ブランドのコンセプトを端的に表現
スローガン	ブランドに対する記述的、説得的情報を簡潔にまとめたもの
ロゴ、シンボル	ブランドネームやコンセプトをビジュアル化し識別しやすくする
キャラクター	ブランドへの好意度、新密度を増すために人格を与えたもの
ジングル	音楽によりブランドのメッセージを想起させるもの
パッケージング	製品のデザイン、包装によってメッセージを伝えるもの

受することができる。

②▼ロイヤル顧客が継続して購入してくれるために、ムダな販売促進費用を支出する必要性が低い。ロイヤル顧客の存在は売上が継続して予測しやすくなるため、経営の健全化にも寄与する。

③▼ブランド資産を確保しておくと「ブランド拡張」する力があるので、低予算・短期間でブランドを広げることができる。

ネスレ社は「ネスカフェ」というブランドをファミリーブランドの傘にして「ゴールドブレンド」「ゴールドブレンド　赤ラベル」とブランドを広げてきた。

新製品発売ごとに既存ブランドの傘を活用できるので小売店への浸透も早いし、ブランド告知の

図11　強いブランドを持つ利点

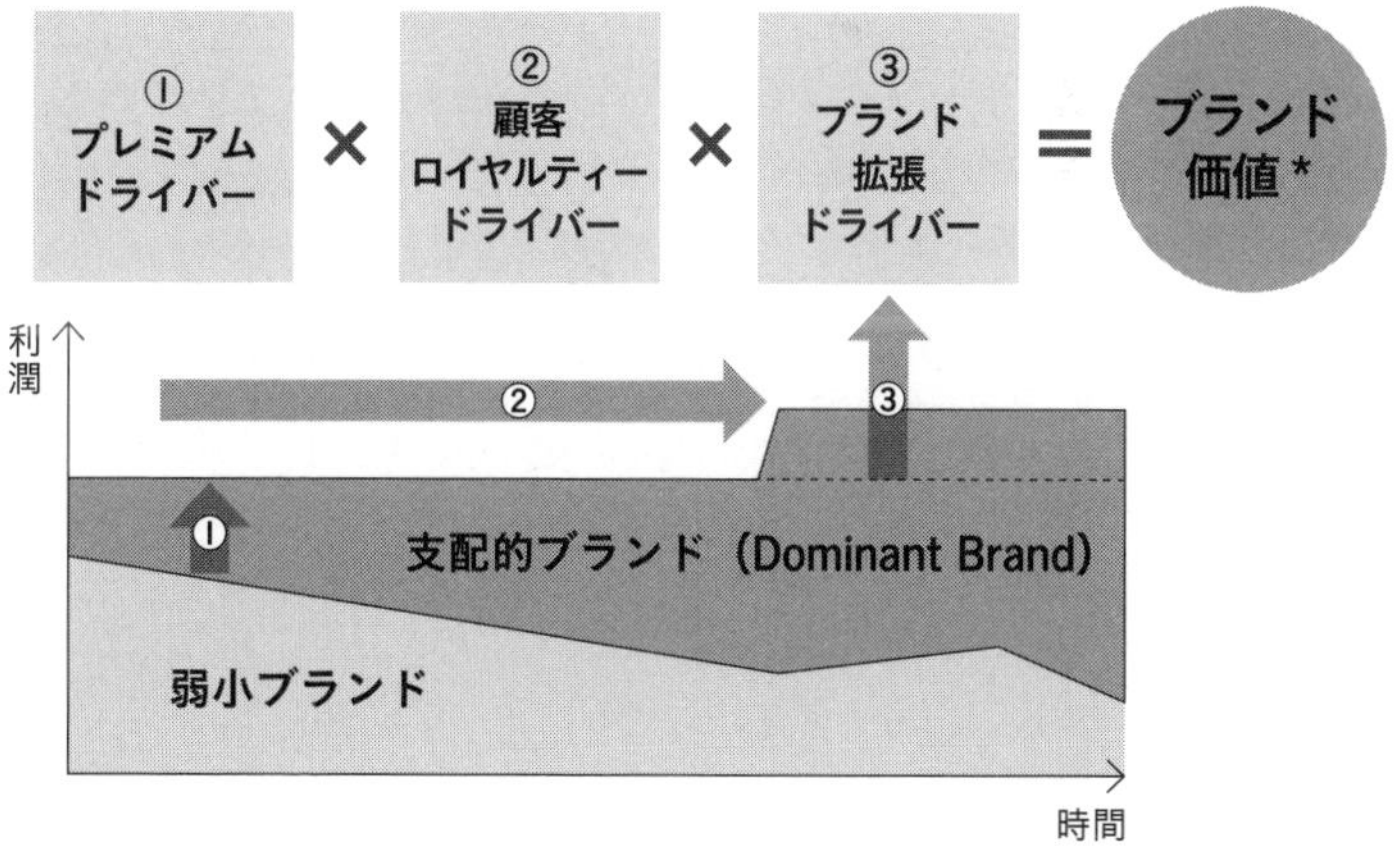

* 経済産業省支援による、ブランド資産研究部会「ブランド価値評価モデル」（ 平成14年6月24日発表）の基本概念は、ブランドに起因して生じる期待キャッシュ・フローをリスクフリーレートで割り引くことによってブランド価値を現在価値で算出するもの

コストも最小限に抑えられた。

強いブランドの利点を事例で解説しよう。ドイツの自動車会社は強いブランドを育成しプライシングが上手なことが知られている。フォルクスワーゲングループは大衆車も製造しているが、傘下にポルシェ、アウディ、ベントレー、ランボルギーニなどの錚々たる高級ブランドを擁している。ＢＭＷグループ配下にはロールス・ロイス、ミニがあり、メルセデスベンツは、マイバッハ、スマート、ＡＭＧといった個性的なブランドを保持している。これらは歴史的にＭ＆Ａを経てグループ化されたブランドも多いが、それぞれを独立したブランド経営によって顧客の混乱を避け、付加価値を向上させている。

ポルシェ社のヴェンデリンＣＥＯ（当時）は、インタビューで「我々はブランドに悪影響を及ぼさないように、また自動車市場の価格が崩れないように、価格の維持に努めている。もし需要が減った場合は、必要に応じて生産量を減らす」と答えている。

ちなみにポルシェの２０１４年売上は昨年度対比20・１％増加し１７２億５００万ユーロ（邦貨換算２０１４年１４５円として約2兆４９４０億円）、営業益率は 15・８％と、圧倒的に高い。アウディは売上が昨年度対比７・８％増加し、５３７億８７００万ユーロ（約7兆７９９１億円）営業利益率９・６％と、これも目を見張る業績だ。

そして強いブランドには必ずユニークなストーリーがある。ＢＭＷ、アウディといった業績好調のドイツ車ブランドと同様に、ポルシェの車種は９１１であろうとカイエン、ボクスター、パナメーラであろうと一目でそれと分かるブランドとデザインのポリシーがある。１９６３年９月のＩＡＡフランクフルトモーターショーで展示されて以来、ポルシェブランドは「９１１」を中核に構築されてきた。９１１は発売以来２０１３年に50周年を迎えたが、７世代のモデルチェンジを経てこれほど長きに渡って第一線のスポーツカーであり続け、最新の技術を投入しつつもスタイルが継続されている。

フェリー・ポルシェ社長（発売当時）は９１１の特徴について「９１１は、アフリカのサファリ・ラリーでもフランスのル・マンでも、劇場に出向くときであれ、ニューヨークの街中であれ、どこにでも行ける唯一の車です」とコメントしている。

またポルシェファンの間では「最新の９１１は最良の９１１」と言い継がれている。

フォルクスワーゲン社のＳＵＶである「トゥアレグ」とポルシェ社の「カイエン」は発売当初両社が共同開発し、ベースとなるシャーシ（車台）も同一であったし、ポルシェ社はベースモデルのエンジンブロックもフォルクスワーゲン社から購入していた。装備や内外装、足回りは異なるものの価格を比較するとカイエンはトゥアレグの約１・３倍であった。ポルシェブランドのプレミアム分が大きい。

日本メーカーは企業名ブランドを強調して、全ての個別車名に冠してしまうがために、強力な個性を持った個車ブランドが構築し難い。トヨタはレクサスを個別ブランドとして育成しようとしているが、アウディ、ＢＭＷと比較しても後塵を拝している。

近年日本車で業績が好調なマツダ、富士重工業のスバルはブランド・ポリシーと、「一目見ただけで車名が浮かぶ」デザイン・ポリシーが上手にかみ合いだした。他の日本車メーカーの進化を待ちたい。

自社ブランドのポジショニングを定期的にモニタリングする

ポジショニングが文字通り「絵に描いたモチ」にならないように、思惑どおり実際のターゲット顧客が当該ブランドと競合との差別性をいかに感じ取ってくれているかを定期的に確認する必要がある。

簡易的にはグループインタビューの際にポジショニングの軸を提示して、自社と競合分の商品写真を用意し、参加者が議論しながらぴったりくる場所に置いてもらうことで顧客の知覚しているポジショニングを知ることができる。

だが、これはあくまでもコストがかけられない場合の簡易策である。コストと時間に余裕があれば使い勝手の良いコレスポンデンス分析*を試してみよう。

＊コレスポンデンス分析……クロス集計の結果を用いて、表側の要素と表頭の要素間の関係性を、それらの相関関係が最大になるように低次元空間のマップ上に散布図としてプロットをする多変量解析手法。詳しくは２４２ページで解説

１１６ページに示す図12は、２０１３年9月にビジネススクールや大学の教え子、知人１６２人に、「ファッションブランドのイメージ」について答えてもらったアンケート結果をコレスポンデンス分析にかけたものである。

サンプルの代表性に多少の問題はあるだろうが、解説のためと目をつぶっていただきたい。横軸は情緒的な価値、縦軸は機能的な価値として定義してみた。

ユニクロはＧＡＰと似たイメージを持たれているが、機能性軸での評価が高く「品質が良い」「定番アイテム」「機能性が高い」「親しみやすい」というイメージが強い。ファッション性が「中間」のベーシックアイテムを謳うにはＧＡＰに遅れを取っている。

一方、ＺＡＲＡはファッション性が高く「異性受けが良い」「流行りに敏感」「高級

図12　ファッションブランドのイメージ（コレスポンデンス分析）
調査：2013年9月　回答者：162人

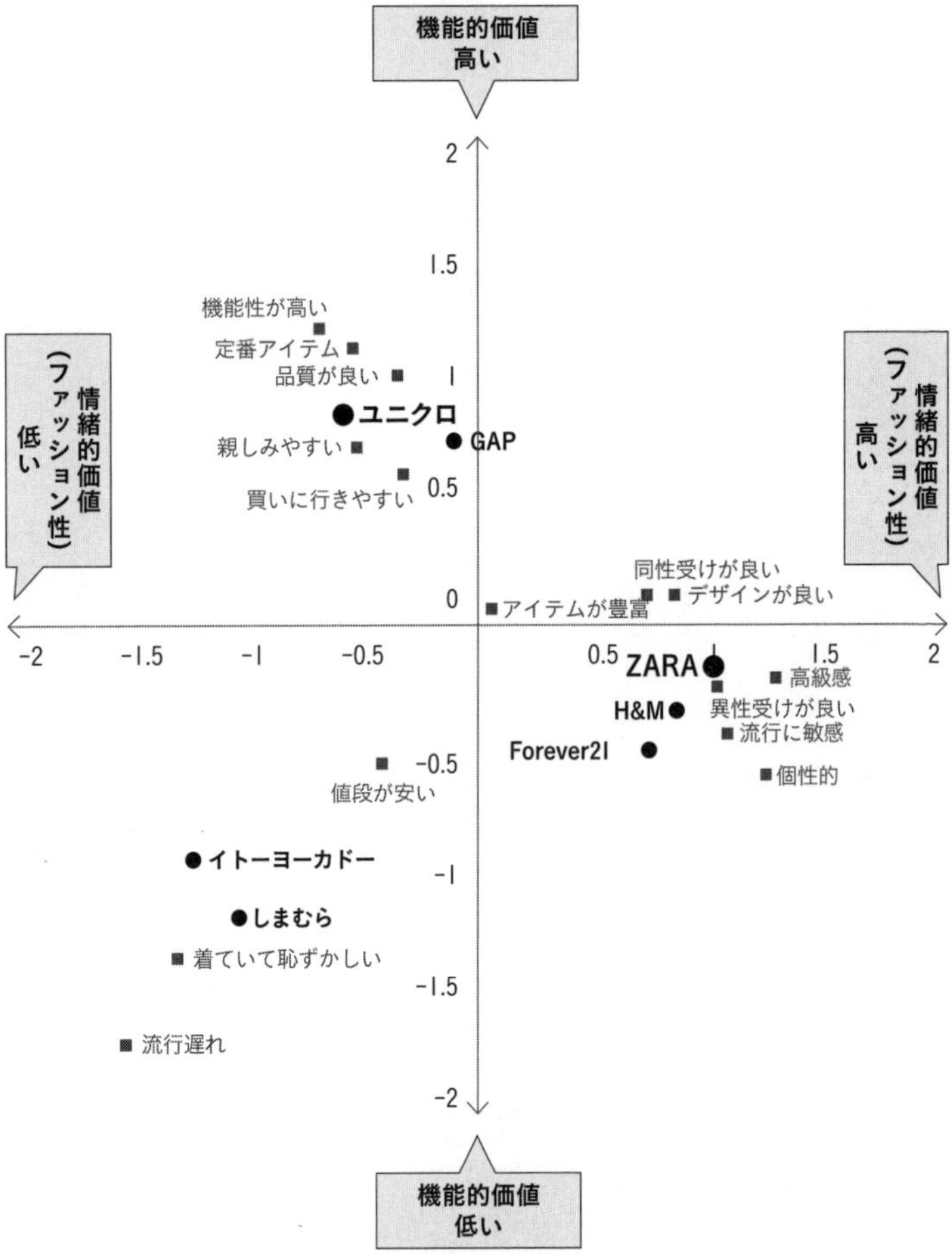

図13　ファッションブランドのイメージ（コレスポンデンス分析）
調査：2009年　　回答者：40人

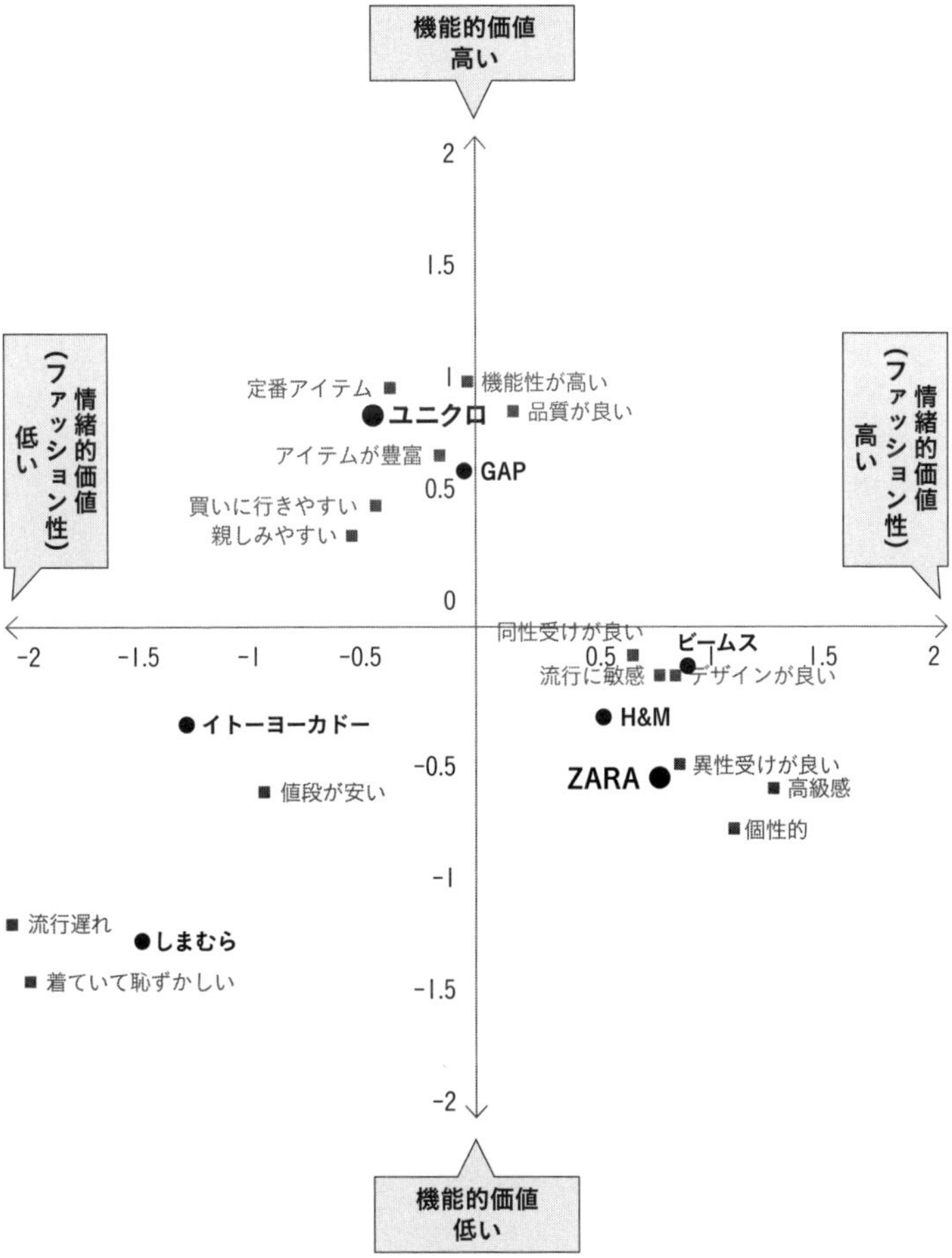

感」というポジションを獲得している。

　機能性や品質が高く、かつファッション性も高いブランドは一見、反義語に思えるが、そんなことはない。現在一般の顧客のイメージでこのポジショニングは存在してないので、このギャップを埋めるブランドが出現してもおかしくはない。

　ちなみに図13は、２００９年に同等の調査をした結果である。２００９年のイメージと比較するとユニクロが「品質が良い」と近づいており、良いイメージの確立に成功しているようだ。ただし「アイテムが豊富」のイメージが２０１３年には薄まっていることは留意すべきであろう。また、ＺＡＲＡは機能性の軸でより良いイメージに推移している。反対にイトーヨーカドーは機能性軸で低下しており、改善が必要であろう。

　因みに全体で見ると「しまむら」のイメージは芳しくないが、数名の熱狂的なファン「シマムラー」にとって、しまむらは値段がお手頃なのに親しみやすく、ファッション性もそこそこで、「着ていて恥ずかしい」ことは全くないようである。

　ターゲット顧客によってブランドイメージは全く異なるので、そのイメージを把握し理想のポジションを求めて提供価値そのものとコミュニケーションを変えなければならない。

第9章 顧客に提供する価値の創造をする（Customer Solution）

新商品や新事業を企画するには、通常、次の2つの方法があるといわれる。

① マーケットイン、つまり顧客発想の企画
② 自社のシーズ発想からのプロダクトアウト

誤解してはいけないが、シーズは必ずしも技術の強みだけではない。ビジネスの種という意味であるから、アイディア、ノウハウ、材料、人材、設備などもシーズだ。

例えば、他社よりも効率的で低コストで商品が製造できる製造ラインが自社にあれば、それはシーズである。

「日本の家電業界でテレビの３Ｄ化に心血を注いで開発したが、結局技術シーズ発想で、顧客にアピールできなかった。だからシーズ発想は駄目なのだ」と、シーズ発想を否定する風潮がある。「顧客の声を聞いてマーケットインすべきだ」という主張だ。正反対の主張は「顧客のいうことを徹底的に聞いて商品に反映したのにちっとも売れない。アップルやグーグルの商品はプロダクトアウトで成功している。顧客が自分の欲しいモノを想像できないのだから、作り手がそれを教えてあげれば良い」という新手のプロダクトアウト信奉論である。

私はどちらの議論もナンセンスだと考えている。①のマーケットインではすでに顕在化している顧客ニーズは競合も簡単に気がつくのだから、それが商品化されていないのは技術かコストまたは社会的に受容されないというような、何か障害がある場合が多い。

例えば、簡単に折りたためて収納できる１００インチの、紙のように軽いテレビがあれば、見たいときに広げられる。どんな壁色でも、凸凹がある壁にも映せる省スペースの１００インチプロジェクターがあれば、狭い家でも映画館気分だ。これらのアイディアは未来を描いた映画で散々見ているので素人でも思いつく。

漫画「ドラゴンボール」の読者ならGoogle Glassは大発明ではなくてベジータが持っていた「スカウター」そのものでは無いかと思うだろう。

だが、近しい技術はどこかの実験室には存在しながらほんのちょっとの技術の壁の存在やコスト低減ができないので、家庭には存在しない。そのハードルを超えて商品化できればイノベーションに繋がるかもしれない。

②のプロダクトアウトだが、スティーブ・ジョブスは25年以上前、ジョン・スカリー元アップル社長に、iPhoneの原型のようなスケッチを見せ「こんな電話をつくりたい」と言ったという。夢想を技術と結びつけて経済性を生み出す手法は、今後も当然ながら有効だ。

スティーブ・ジョブスがソニーの盛田社長を尊敬していたのは「市場をつくる」という精神に共感を覚えていたからだ。共に天才的なマーケターだったから直感的に「ちょっと先の未来に一般の人が普通に利用している面白い商品」の姿が見えたのだろう。

残念ながら、彼らほどの天才ではないマーケターはどうしたら良いだろう？

ここで、顧客価値創造のために3つめの手法として、**③ユーザーイン&アウト**と呼ぶ手法を提唱し付け加えたい。これは、私が尊敬している某製造業の役員の方が説く

「マーケターの能動的創造　N＝1開発」をヒントにしている。ちなみにこの企業はヒット商品を連発して革新性の点で競合を凌駕し、経常利益率は業界最大手を大きく凌いでいる。

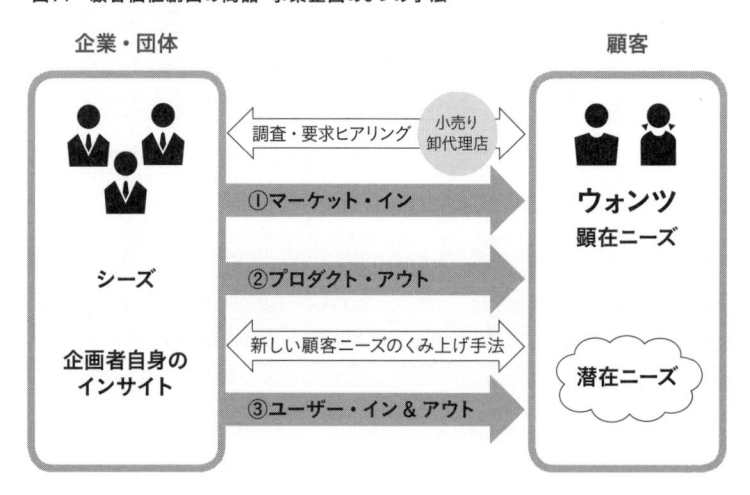

マーケターは一人のユーザーとしての自己の価値観から出発して、家人、知人を含む周囲の生活者を参与観察*し、N＝1で「こんな未充足ニーズがあるはずだ！」と強く信じるコンセプトを創造する。その後アウト、つまり外に向けて仮説検証してみることでコンセプトを練り上げていくのだが、一般的なユーザーに聞いてもイノーベーティブなコンセプトには反応できないのだから、「極端なユーザー（Extreme User）」に問いかける。

なぜなら、ターゲットが革新的新商品に対する反応や採用過程から、多数採用者、いわゆるマス

図14　顧客価値創出の商品・事業企画の3つの手法

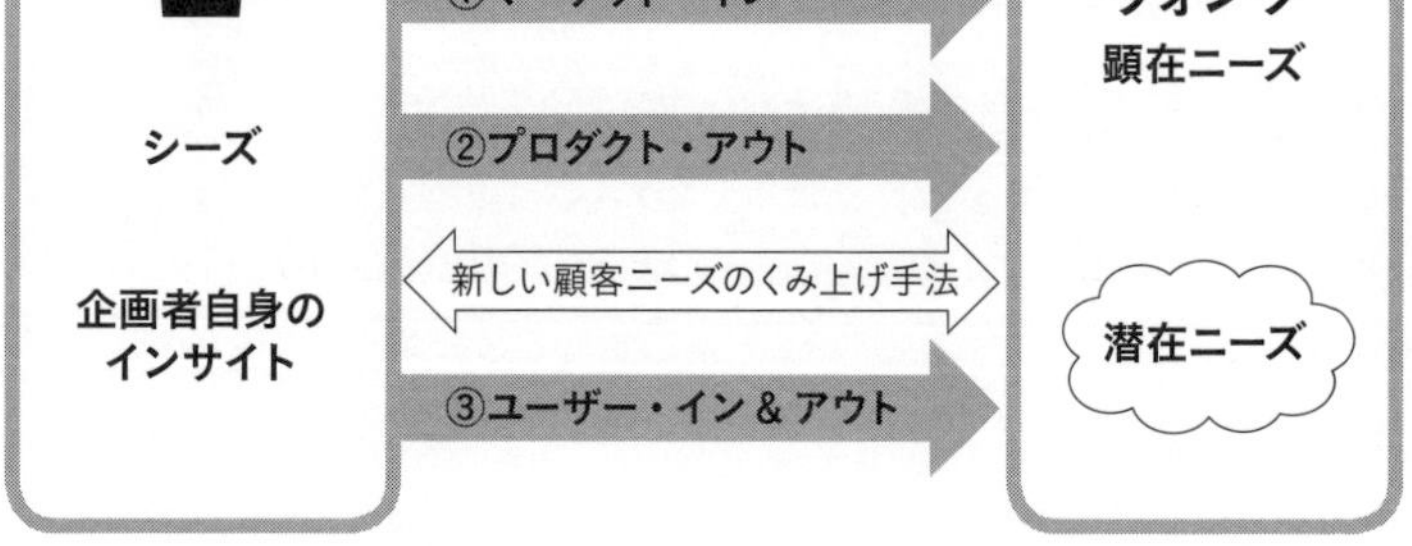

ターゲットの反応は容易に想像がつき、調査対象として参考にならないことが多い。そこで2・5%存在するといわれるイノベーター、13・5%の早期採用者や、16%の採用遅滞者など、通常の商品利用者と異なるターゲットから新しい発見が生まれる可能性を追求していくのである。潜在顧客に質問する。自分自身が一番欲しがる客として考える。頭に浮かぶお客様の生活を書き出す。そしてお客様の欲しいモノ・コトを創造する。

＊参与観察……社会学や文化人類学の定性的社会調査法。一定期間対象グループと生活を共にして一体化し、対象社会を観察、記録、調査すること。こうして記録した記述を民族誌（エスノグラフィー）といい、近年マーケティングに活用されている。

アップルやグーグルは思い込みの激しい開発者が強い思いで新製品のコンセプトを創造し、素早くプロトタイピングをして周囲の極端なユーザーに触らせ、そして作り直す手法を取る。世界的に有名になった米国デザインコンサルティング会社のＩＤＥＯも同様に、顧客参与観察とプロトタイピングの手法を活用している。

上記の3つの手法は、最終的に顧客ニーズを深く深く掘っていくことでそこに応えるものであれば、どれでも有効だ。

変化からニーズを見つける

長期間不況下の生活に慣れると「現在の暮らしに不満を持ってもしかたない」と考え始め、高みを諦める傾向が出てくる。そのため欠乏感や不満を感じにくくなる。それ故か「顧客のニーズがわからない」と嘆くマーケターが多い。だが、人は生きて環境が変化し続ける限り、ありたい姿は変化し、自己の現状とのギャップを知ればニーズは生まれ、それを気付かせることでウォンツを駆り立てることはできる。

久々に好況の兆しが広がっているチャンスなのだ。では潜在ニーズを掘り出すにはどうしたらよいだろうか？

これから変わるコト、モノを見つける

6C分析の中でも、まずController に着目してみよう。

全地球的観点に立って事業計画を練る企業にとっては米国国家情報会議が編集した

「GLOBAL TRENDS 2030：２０３０年世界はこう変わる」[1]は示唆に富んでいる。このレポートは米国の国家戦略を策定するものや関係者向けに書かれた近未来の世界トレンドが書かれている。米国国家情報会議の前身はＣＩＡの内部部門で、レポート提出先は合衆国大統領である。これが１９７９年からは現行組織となって一般公開されている。大統領選挙毎に一新されるが、この詳細版がオバマ大統領にブリーフィングされている。

興味がある方はこのレポートを直接読まれることをお勧めするが、中でも興味深い指摘は未来を決める４つの構造変化＊と、流れを変える可能性のある６つのゲームチェンジャーである。未来から現在に向かって視点をずらし、その意味合いから顧客ニーズの変化を読む。

＊未来を決める４つの構造変化……マーケティングに特に関係の深い４つの構造変化は以下の４つである。

①▼個人の力の拡大

・貧困層は５割（５億人）減る
・台頭する新・中間所得層
・購買力が衰えて行く米国と日本

（1）『GLOBAL TRENDS 2030：2030年世界はこう変わる』（講談社）

- なくならない男女格差
- 人類はより健康に

② 権力の拡散

- 中国の覇権は短命
- 抜かれる先進国
- 前例無き「覇権国家ゼロ」時代へ

③ 人口構成の変化

- 進む高齢化
- 縮む若者社会
- 移民は諸刃の剣
- 都市化する世界

④ 食料・水・エネルギー問題の連鎖

- 食料、水、そして気候変動
- エネルギー不足懸念は後退
- 米国はエネルギー独立国へ
- 再生可能エネルギーは不発

社会の構造変化と消費行動変化を理解する

三菱総研が提唱している「消費のニューノーマル(2)」もヒントを与えてくれる。震災後の「安心」「普遍志向」「絆」といった価値観の変化が「人々が本当に欲しいもの」を変えていき、今まで「ノーマル」と考えられていたことが「ニューノーマル」に置き換えられていく。標準的なライフコースがなくなり、「女らしい、男らしい」ことが意味を持たなくなり、ＩＴにより情報化したシニアが増加する。

それら変化によって「山ガール、スイーツ男子」などのように「○○らしくない、～レス消費」がトレンド化する。「シェア、レンタル」を多用して生活を豊かにするための体験（コト）消費が増加する。エコは普遍的な価値観となる。バーチャルとリアルが一緒に体験できる消費が増加する。これらはマーケターにとって押さえておくべきトレンドである。

65歳以上の高齢者が総人口の14％を超える社会を「高齢化社会」という。その割合が21％を超すと「超高齢化社会」となるが、日本では既に２０１０年に23％となってい

（2）「消費のニューノーマル」
出典:『フロシネス 6』三菱総合研究所（丸善出版）

る。これが２０３０年には31・６％とほぼ人口の３分の１が高齢者となる。[3] ２０６０年には39・９％、つまり４割が高齢者という世界至上稀な「超高齢化社会」になる。

これは戦後１９４７年から１９４９年の３年間で８０６万人が出生した第１次ベビーブーム、いわゆる「団塊の世代」が、２０１２年から65歳になったことが大きい。加えて１９７１年から74年に生まれた「団塊ジュニア」は２０３６年から高齢者になる。

シニアマーケットの拡大は、今後多様な市場を生み出し高齢化先進国の日本で成功モデルを確立すると世界に輸出できる。現に介護ビジネスで成功した日本企業は後追いで高齢化が進みつつある中国へ「おもてなしの心がある介護」という強みを発揮し進出し始めている。

また、晩婚化によって家族と同居する独身者の割合が増えると、収入ポケットが増えて可処分所得が大きくなる。特に女性は海外旅行経験を蓄積して、センスが良い生活を送ることが重要な生活指針となる。「スタイルとセンスの大衆化」が起きている。

デフレ環境下では実質生活費が低下し、将来への不安で財布の紐を締めがちだった。今後は時々自分へのご褒美を買うが、その際はこだわりのあるモノへ支出を集中してワンランク上消費を味わい、その他は抑えてワンランク下消費を心がけるのである。生活

（3）厚生労働省の施設等機関である国立社会保障・人口問題研究所『日本の将来推計人口』
日本に関しては、『データで分かる2030年の日本』（洋泉社）が参考になる

必需品が低価格化しているのでユニクロや１００円ショップで賢く節約して、購買力そのものはアップさせている。今後経済の復調傾向が実感できれば、普通のお客様の背伸び消費を狙う「ちょっと贅沢の大衆化」がキーワードになりそうだ。

まずニッチを狙う。マイクロトレンドはないか？

「ニッチにはリッチがいる」という諺は秀逸だ。マーケターに新しい顧客＝新市場を定義しようとする勇気を与えてくれる。

６Ｃ分析の説明と上記参考書籍で述べたように、マクロトレンドからニーズ発想をすると、競合企業のマーケターも同様の発想をする可能性がある。そこで、第９章「顧客に提供する価値の創造をする（Customer Solution）」で述べたように、Ｎ＝１で良いのでマイクロトレンドから拡大する可能性のある市場定義をしてみよう。

世の革新者（Innovator）といわれる、多少のリスクを負ってでも新しいものを試すセグメントは全体の２・５％程度といわれる[4]。彼・彼女らは考え方が柔軟で比較的教育水準や収入が高い。企業ユーザーの場合も新規技術を受け入れてチャレンジすることで自分自身の差別化に繋がることを自覚しているユーザーである。

（4）『イノベーションの普及』（翔泳社）

次いで13・5％の早期採用者（Early Adopter）は新しいベネフィットそのものに着目する。オピニオンリーダーであり周囲から尊敬を得られるかが行動基準で、新しいものを早期かつ慎重に選択する。

この2つのセグメントを合計した16％程度の顧客を狙うべきだ。企業ユーザーであってもオピニオンリーダーに認められると、リスク感度が高く様子見していた前期・後期多数採用者の購入が促進される。

社員からの提案制度を活用する

小林製薬は「あったらいいなをカタチにする」ことを企業ブランドのスローガンにしている。そのスローガンを実践すべく、社内提案制度を設けており、全社員から年間に2万件以上の商品提案、改良提案が寄せられる。運良く製品化されれば提案者には賞金も出るし、製品がヒットすれば上限で１００万円という思わぬボーナスが手に入る。

提案書のひな形はよくできたフォーマットで「ああ、確かにこんな人いるよねえ」と膝をたたくような顧客像と、「それ私も、いらっとしたことがある。こんな商品あったら嬉しい」という顧客ニーズと商品の使用シーン、便益を描写するようになっている。

この提案が社内情報システムでマーケティング担当者一人あたり月に数十通送られてくるが、商品企画者は全て返信しなければならない。

商品コンセプトの提案制度がある企業は数多いが、実際には形骸化していることが多く、そこからヒット商品が出ている企業は稀だ。

小林製薬のトップマネージメントは、この提案制度は企業の新しい物を生み出す社風を鼓舞する為の物であり、実際に商品化されるものが少なくても継続すると、イノベーションを生もうとする仕組みの重要性を強調されている。

イノベーションを産み続ける企業として業績好調なキーエンスの営業員は、客先でヒアリングした顧客ニーズを「ニーズカード」に記入して提出することが義務付けられている。ここから誕生した商品も多い。

クラウドソーシングで顧客の声を聴く

このような自社の仕組みがうまく働かない企業はどうしたらよいだろうか？

その場合はクラウドソーシングで代用してみるのはどうだろう。無印良品を運営している良品計画は２００１年に創業以来初の最終赤字に転落したが、この５年間、年平均

3・56%売上を伸ばして1883億円となり、純利益率も4・3%から5年間で5・8%に改善している。

経営改革とリストラを断行したが商品力の改善に最も有効であった打ち手は、生活者視点の商品企画に立ち返るために、顧客の声を拾い、対話するようウェブ上に「モノづくりコミュニティ」を開設したことだった。顧客からのアイディアを募り、欲しいモノに投票してもらい、デザインに投票してもらう。最終製品までの工程進捗を報告し、購入の予約を募って一定の数に達すると商品化を決定する。ここから「書き込めるメジャー」「からだにフィットするソファー」「持ち運びできるあかり」など多くのロングセラー製品が生まれた。現在では、これが形を変えて「くらしの良品研究所　あったらいいな！ ご意見箱」に引き継がれている。

コカ・コーラは「グラソービタミンウォーター」の新製品を企画した際、ソーシャルメディアを活用してそのアイディアを募集し、アイディアに対して投票を行った結果を反映して新製品を発売した。

P&G社は「Connect & Develop」と呼称するクラウドソーシングの仕組みで、社内で解決が困難な技術やマーケティング上の課題を社外に公開し、金銭を含むインセンティブを提示して、社外専門家やベンダーから解決策を募集している。現在の新規開発の半数は「Connect & Develop」から生み出されているといわれている。このような企業ニーズに対応するために、米国のNine Sigma社はクラウドソーシングのコンサルティング事業を行っている。

新たな顧客価値を創造する（エビデンスベースドマーケティング）

近年、医療の世界ではＥＢＭ（Evidence-Based Medicine：医学的、科学的根拠に基づいてなされる医療）という考え方が幅広く実践されているが、マーケティングの世界でも同じようにＥＢＭ（エビデンスベースドマーケティング：Evidence-based Marketing）が有力な手法として広がる可能性がある。科学的な根拠に基づき臨床や実験で証明された効果を謳うことでマーケティングに活用するのである。

ソーシャルメディアを活用した口コミマーケティングが主流になると、ステマ（ステルス・マーケティング）*が問題になる。そこで顧客価値の根拠を明快にした商品コンセプトが力を持つだろう。

＊ステマ（ステルス・マーケティング）……消費者に宣伝と気づかれないように宣伝行為を

するマーケティング手法。サクラや、やらせ行為。米国ではＦＴＣが２００９年にガイドラインを改訂し商品またはサービスの推奨者と、マーケッターや広告主との間の重大な関係の有無及び金銭授受の有無などを開示する義務を新設した。日本では消費者庁が２０１１年景品表示法のガイドライン「インターネット消費者取引に係る広告表示に関する景品表示法上の問題点及び留意事項」を公表し不当表示を抑制する姿勢を示した。

ＪＩＮＳという新進気鋭の眼鏡チェーンを運営する株式会社ジェイアイエヌが不況の眼鏡業界にあって２０１２年度に２２６億円の売上、純利益率11・28％となり業績好調である。２０１３年東証一部に上場を果たした。

その原動力とは、機能性をポジショニング上の優位点にした眼鏡だ。ブルーライト＊の危険性を謳い、「ＪＩＮＳ　ＰＣ」はそれを50％カットすることで慢性疲労を予防することを価値優位点として大ヒット商品となった。ＴＶ宣伝ではブルーライトの啓蒙を行い、ホームページには眼科専門医と共同研究し「東京大学名誉教授の増田寛次郎先生を監修医として迎え、臨床試験を実施しました」「眼の疲労度を測るフリッカーテストで、ＪＩＮＳ　ＰＣ装用群の眼精疲労改善が確認されました」と権威付けをしながら治験結果を報告している。

＊ブルーライト……パソコンやスマートフォンなど、ＬＥＤディスプレイから発せられる青色光のこと。可視光線の中で最もエネルギーが高く、網膜にまで到達してしまうことにより、体内時計を狂わせたり、眼に与える影響が懸念されている。
http://www.jins-jp.com/jins-pc/performance/

米国食品医薬品局（ＦＤＡ）は１９９０年代に、加工食品業界が栄養分の表示を義務づけ、２０１０年にはレストランや飲食を提供する施設でも提供する食品のカロリー表示を義務化した。食品の成分がいかに栄養学的な価値が高いかをガイドラインに沿って表示することが認められている。これは社会コストの高い医療費を抑制するためにも、啓蒙活動をすることで健康的な食生活を促す意図がある。

日本では米国と比較すると、栄養成分表示が任意基準のものが多い[5]。これがＴＰＰの関係や米国と同様の医療費高騰という事情から、今後見直しされるのは必定だろう。ＥＢＭの重要性は今後増していくと思われる。

（5）消費者庁　食品表示
http://www.caa.go.jp/foods/

モノとサービスの割合を変える

製造業の場合、製造拠点が世界中の低コスト地域に広がって、コスト競争に拍車がかかっている。インターネットと製造技術革新のおかげで新興国でもモノづくりのノウハウは蓄積されているので、新興国のメーカーからの追い上げは激しく、競争環境は益々厳しくなってきた。製品寿命は短くなり、地域ニーズに合わせた製品を案出しなければ生き残れないとなると、利益率の低下に歯止めがかからない。スマホやタブレットＰＣのように一世を風靡した商品も、たちまちコモディティ・トラップ（顧客にとってメーカー毎の商品の個性や差が不明瞭となり、価格しか違いがなくなるという罠）にかかって、１００ドル以下のスマホや低価格タブレットが主流となっていく。

この状況を打開するには製品にサービス・イノベーションを採り入れることがひとつの道だ。米国では経済活動のおよそ80％がサービス分野で増加傾向にある。一方、日本のサービス産業は２０１０年で71％である[6]。

また、２０１０年に２９０兆円であったサービス産業売上規模は、２０１１年に２８４兆円、２０１２年に２７３兆円と低下傾向にあるが、特に低下したのは不動産関

（6）みずほ銀行産業調査部「サービス化の視点での企業の競争力強化に関する考察」

連、飲食店、娯楽業などの生活関連サービス業であった。(7) モノとの掛け算によるサービス産業の底上げが必要だ。

コマツはモノ売りからアフターサービスを複合化した戦略の一環として「コムトラックス：ＫＯＭＴＲＡＸ」サービスで顧客を囲い込み、かつ新規サービスで付加価値を得ている。コムトラックスはもともと盗難防止のために始めた付加サービスであるが、建機にＧＰＳのほかに様々なセンサーを埋め込み、通信モジュールも組み込んだ。２００１年より標準装備化を進め、本体価格に組み込まれた。機械の摩耗度合い、エンジンの使用具合、燃料の使用量なども遠隔から把握できるので、広域で建機を動かしている企業は管理が容易になり、故障する前に修理することが可能になった。今では進化したコムトラックスのおかげでＩＴベースの新しい管理も進んでいる。

途上国の顧客の多くは個人企業への割賦販売が主流なので、信用力の低い企業には与信リスク管理上売りにくい。しかし、コマツは建機の稼動状況を把握できるので販売できる。建機が稼働しているのに支払いが滞った顧客には遠隔でエンジンを止めることで支払いを促し、仕事がなく動いていない建機は差し押さえをする。また、コマツはこの建機の稼働情報を分析し建機の需要動向が正確に把握できるので、スムーズな生産調整が可能になり、ムダな在庫と修理部品の削減にもつながった。建機の稼働状況から、例

（7）経済産業省サービス産業動向調査

えば中国の経済動向を洞察することすら可能だという。さらに、中古建機の販売領域に参入した。新興国に中古を流して部品ビジネスを軌道に乗せ、部品販売金額に占める消耗品の割合は4割程度にまで高まっている。これによって先進国ユーザーから高値で中古機器を買い上げて新規受注をも促す。

トヨタ自動車は、マイクロソフト、セールスフォース・ドットコムと組んで同じように部品交換に関する情報提供サービスや、運転指導サービスの提供等を目論んでいる。

1次産業の従事者が、2次産業として加工、3次産業の流通や販売まで手がける事業を6次産業化という。例えば、農家が収穫した野菜を加工して漬け物をつくるメーカーとなり、それを提供する農家レストランを経営するようなことである。その流れの中で模倣困難性が増し、付加価値も向上する。

テレビを含めマスコミにたびたび登場している「みずほの村市場」（茨城県つくば市）直売所の業績は2010年時点5・8億円、参加農家の平均売上800万円と好調である[8]。併設の店舗では蕎麦も提供している。経営者は「価格競争は農家をつぶすことになる」とはっきり自覚しているため、ここで販売されている旬の野菜を中心とした農産物の価格は、近隣スーパーなどに比べて2~3割ほど高い。それでも、年間延べ30万

（8）「農業よ農民よ！経営者たれ 直売所革命 vs『6次産業』化」
出典：東洋経済 ONLINE　2010年2月28日

人以上の集客を誇る。

成功の秘訣は「後から参入する農家は、先に参入していた農家と同じか、それ以上の価格をつけなければならない」というルール設定だ。売れ残った野菜は出店者が買い戻すという市場経済の競争原理も生きている。サービスとして供される「試食」によって、味のみで勝負する場を提供することで、高い価格の維持と品質の良い農産物の供給を保っている。収入が高い農家は余裕があり、品質向上のための努力を惜しまない。参加農家は2013年時点で48戸。現在では同じビジネスモデルの「みずほの村市場」が他地域で店舗を拡大しつつあり、通販事業にも進出した。小さくても大資本スーパーに対抗した高付加価値経営が成立するのである。

ずっと買ってもらえる商品をつくる

一過性の商品売買に終始していると業績が安定しにくいし、価格低下圧力がかかりやすい。そこで継続購買やフィーを継続的に受領する仕掛けが組み込まれたビジネスを志向する。キーワードは「所有から利用へ」である。次ページ図15にフィー型のビジネス事例を示す。

企業向けではＢＰＯとして企業内にあった社内機能を外だしして顧客ソリューションを請け負うアウトソーシングが広がっている。

　上下水道管理や電気などの公益（ユーティリティ）サービスも民間企業が請負サービスを開始している。また、リカーリング・ビジネス＊や消耗品ビジネスもひとたび顧客を囲い込めれば利益を生みやすい。

＊リカーリング・ビジネス……通信（電話、ケーブルテレビなど）や公益（電力、ガスなど）のような、毎月一定額の売上が顧客から入る、繰延収益（リカーリング・レベニュー）を主とした事業

図15　フィー型のビジネス事例

	ビジネス・モデル	事例
サービス中心	企業向け BPO (Business Process Outsourcing)	・Sier の業務アウトソーシング（プライベート・クラウド） ・ベル 24 のコールセンター
	ユーティリティー請負	・ヴェオリアウォーター：広島市と埼玉県の下水処理場の O&M（運転・維持管理）事業
	Utility Computing (Fee Business)	・SaaS（Software as a Service）：セールスフォース・ドットコムの CRM サービス ・PaaS（Platform as a Service） ・DaaS（Desktop as a service）
	支払いリカーリング・システム	・クレジットカード会社の定期決済（公共料金、電話、雑誌購読料など）
物中心	Install based Business（消耗品ビジネス）	・キャノンのプリンタートナー ・東レの浄水器フィルター

ブランド品の品質は一所で留まらない。製品は日々改善

学生の頃に足繁く通ったラーメン店を久々に訪ねてみて、喜び勇んで注文したら思いのほか美味しく感じられなくてがっかりした経験はないだろうか？ これはそのラーメン店の腕が落ちたか、実は、多少なりとも美味しい食べ物を経験した自分の味覚が進化または変化したのに、店は進化を止めていた結果かもしれない。

ブランド品の品質は進化が止まった時に時代に置き去りにされることになる。ネスレの代表的商品であるネスカフェの味は遵守すべきガイドラインの内側ではあるが、時代に合わせて常に進化している。これは農産物であるコーヒー豆が作柄によって変化するためでもあるが、消費者の味覚や好みの変化に合わせるためだ。

デザインを変える

デザイン「design」という言葉には狭義の芸術、美術的な意味だけでなく「sign＝

従来の記号、意味合い」を、「de ＝ 否定、分解し、変える」という意味が含まれている。つまり、目的をもつ人間の行為をより良いかたちで適えるための「計画」を意味する。

そして、近年デザインは「観察などの調査や分析による問題発見・問題解決手段」という役割を担うことまで期待されている。

例えば、英国では１９９７年のトニー・ブレア政権発足から２００８年の「Creative Britain」策定までのおよそ10年間に、クリエイティブ産業振興に向けた様々な政策を実施した。公共機関の椅子と机をひったくり犯罪などが起きにくいデザインに変更したり、周囲から中が見えにくく危険だったバスの待合所を透明にして犯罪率を低下させることに成功した。院内感染を防止するために、医療器具やインテリア、設備をデザインしたばかりでなく、医療業務の流れまでもデザインし直して、医療問題も解決し得ることを証明した。また、国を挙げてポップミュージックなど、コンテンツ産業を振興し成功を収めた。

後を追うように韓国でもクール・コリア政策が始まり、大統領直属の国家ブランド委員会を設立して韓流ドラマ、ポップアイドルを支援し、日本市場だけでなく世界を席巻し始めた。ウォン安効果というだけでは韓国企業の躍進を説明することはできない。それらソフトの人気度が高まると韓国企業ブランドへの好意度が上がり、売上も増加するというシナリオを描いて着実に実行してきた。その効果が出始めているようだ。日本でもクール・ジャパン政策を遅まきながらも開始している。

アップルの商品のデザイン性が高いことに異論を唱える人は少ないだろう。だがスティーブ・ジョブスは意匠（見た目）としてのデザインが成功の鍵といわれることを嫌ったそうだ。デザインは「人間の創造の根本にある魂であり、それ（デザイン）が最終的には製品やサービスの表層にも立ち現れてくる」と説明している。

日本の家電製造企業はアップルに戦う土俵そのものをデザインされ、防戦に追われている。携帯電話はもとよりコンパクトデジタルカメラやＤＭＰ（デジタル・ミュージック・プレイヤー）、果てはカーナビまでもがiPhoneに飲み込まれている。ＰＣ市場でも、特にシニアや若年層では多くの潜在顧客がiPadやキンドルに奪われている。対韓国企業には優位性を保っていると幻想を抱いていた間に、素早い模倣者（Fast Follower）を標榜するサムスン電子に追い込まれ、あっという間に抜き去られたという状況だ。アップルのようにイノベーションによって世界を変えようとする企業と、それを投資判断も含め素早い模倣で追いかける韓国企業に対し、日本の家電企業はデザインの力が弱い。ただ愚直に高品質な製品機能やこだわりで勝ち続けられると信じていた高度成長期の後遺症が指摘されている。

一方で、模倣一辺倒と思われがちなサムスン電子は、その実デザイン志向でブランドに対して高いこだわりを持つことは意外に知られていない。１９９３年李健熙会長は「妻と子ども以外は全てを変えよう」と全社を鼓舞し経営改革を断行した。ソニーやパナソニックブランドを超えることを目標にして「デザインこそが企業の哲学や文化を表現し企業の優位性を左右する」という信念を基に、デザイン力とブランドの強化に力を注いできたのだ。日本に住んでいると韓国企業のブランド力やデザインの進化に気がつかない消費者が多いだろうが、残念ながら日本以外の国では「サムスン電子のテレビのほうがカッコ良い」というユーザーが多い。

単に速いとか軽いなどという機能的価値は成熟した社会で差別化要因になることが難しい。それ故、情緒的価値の中核であるデザインやブランドをもう一度見直すことは、もう避けられない。そのためにはデザイナーでないビジネスパーソンもデザインの持つ力を信じ、「観察」などの調査手法や分析による問題発見・問題解決を行うデザイン思考」を身につける必要がある。

ちなみに欧米では「Bスクール（ビジネススクール）は論理ばかりで具体的解決策をもたらさない。これからはBスクールではなく、Dスクール（デザイン・スクール）だ」とばかりに、問題解決をするためのデザインを教える大学院が人気だ。

2012年3月、トヨタの豊田章男社長は、これまでの「つくりやすい車」から「格好良い車」へと脱皮する宣言をした。「エモーショナル（感情的）デザイン」がキーワードである。デザインが欧米で好評で売上でも肉迫されている韓国のヒュンダイに大きな脅威を感じている様子である。

これまではいかに開発・商品企画側が想いを込めた商品コンセプトやデザインを提案しても、生産現場の意見が強く、品質や効率重視の原則から改変され尖った商品が世に出にくかったという反省によるものだ。生産・設計が一体となって品質や燃費という合理訴求はベースとするが、上位概念として顧客の感情面を重視し、共感を主眼に置いた商品開発を志向していることが象徴的である。

パッケージを変える

パッケージの商品メッセージを変える

アリストテレス(9)は相手を説得する弁論には3つ要素があるとしている。

エトス（Ethos：人柄、性格、習慣、特性の意味。道徳の語源）、つまり話し手が自分の性格を描写することによって、聞き手の好意や信頼を得ること。そのほかに、ロゴス（Logos：言語による論理的な証明）、パトス（Pathos：聞き手の怒り、不安、勇気、友情などの感情を誘導）の3つである。この3つが揃って初めて人は他者に共感を覚え、説得され、行動を起こしてくれる。

コミュニケーションによって顧客を説得して購買に結び付けるマーケティング活動においては、この3つの説得の要素を十分に吟味することが成功の鍵だ。

商品の顔であるパッケージデザインの構成要素は、ブランドと商品、対象ターゲットの3つである。これはBrand＝エトスの訴求、Product＝ロゴスの訴求、Target＝パ

（9）古代ギリシアの哲学者（BC384～322）
著書『弁論術』

トスの訴求になっている。

　つまり、「この信頼のブランド」の「製品は、こんなに（競合製品より）良いところがあって」「あなた向けですよ！」というストーリーがパッケージデザインによって語られる。いわばパッケージデザインは自ら話しかけはしないが「サイレント・セールスマン」である。

①▼**ブランド（エトス）**……ストーリーは顧客の信頼を勝ち得るものである。企業の成り立ちや歴史、歴代のヒット商品、経営者の想いなどが企業ブランドの要となる。和菓子で有名な「とらや」は１５２０年代、京都で創業したという歴史と、京都御所出入りの御用商人の御用開始時期を記した文書「御出入商人中所附」（１７５４年）が残っ

図16　BPT（ブランド・プロダクト・ターゲット）の3要素

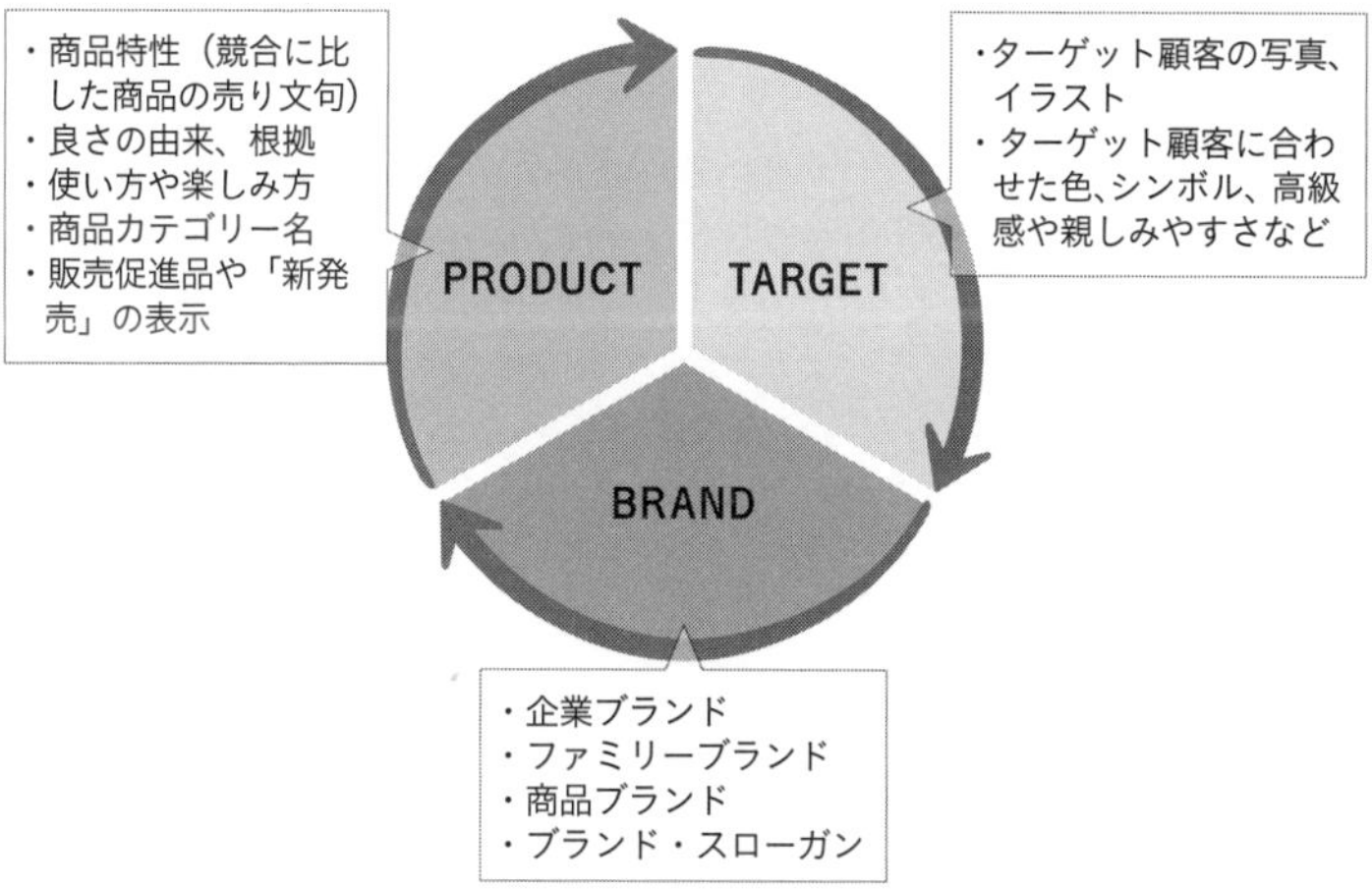

ているという記述がブランドを語っている。

②▼**プロダクト（ロゴス）**……商品の差別化要素。時には販売促進のための「新製品」「増量」などの売り文句、今買うべき理由などである。消費者の脳は「これまでと違う何か」に鋭く反応するものだ。開発秘話、素材の卓越、用いた匠の技または最新技術、科学的効果効用の証明などもストーリーの題材になり得る。

③▼**顧客ターゲット（パトス）**……商品が自分に向けたものであることを理解できるようなシンボル、色、デザインなどだ。値段の高い上澄み価格の商品はターゲット顧客にとって品格を感じさせるものでないと選択されない。

コミュニケーションの基本として、特に強調したい要素のメリハリを付けなければ、店頭で目立たず、潜在顧客に手にとって頂けない。反面、単に悪目立ちすると顧客に共感を持っていただけず、買い物カゴに入れない。脳科学者A・K・プラディープによれば、書体が4種類以上使用してあるパッケージは、直感的に「うるさい」と感じられて選択される可能性が低下するという。

自社商品のパッケージデザインはポジショニングを明快に伝えているだろうか？これを自問していただきたい。

パッケージサイズ、機能の一部を変える。追加する

　パッケージサイズを変更して価格とのバランスを採ることで、実質的な価格上昇を狙うことができる。

　はごろもフーズは２０１３年３月に缶詰16品目の10円〜15円値上げを発表した。この値上げの反発を抑えるために、ツナ缶の「シーチキン」のうち販売数量の６割をしめる主力商品「シーチキンLフレーク」と「シーチキンマイルド」は価格を維持したまま内容量を80グラムから70グラムに減らす戦略を採った。これによって注意深い消費者でない限り主製品は価格据え置きに見える。

　加えて「シーチキンフレーク　一本釣り」と銘打った新商品を投入した。また「プチぜいたく品」として「シーチキンとろ」と「シーチキン炙りとろ」いずれも１缶４６０円（参考価格、税抜き）というシーチキンブランドの最高級品の販売促進の強化で販売テコ入れを狙っている。

　商品に修正を加え、単純に価格の新旧比較ができないようにすることを意思決定のリフレーミング（枠組み変更）という。また、商品サイズを追加し、価格を覚える基準価格（Reference Price）が記憶に残りにくくすることも有効である。

特に海外では、最低所得層の人々にも何とか手が届く商品と価格のバランスにするため、流通枚数が多い貨幣に合わせて、サイズを小さくした1コインパッケージにする。これによって商品を使い始めたBOP（Base of Pyramid：所得は年間3000ドル以下と低いが人口の多数である）市場の顧客は余裕ができたときに本来サイズの商品が買えるようになる。「手が届く」という意味で「アフォーダブル・プライシング」と呼ばれるアプローチである。

味の素はASEAN諸国に進出したかなり早期から、日本円で数円単位の主流通貨毎に味の素をパッケージ化してまず試してもらい、余裕ができたら大袋の味の素を購入してもらうというマーケティングで成功して市場に浸透していった。

ネスレやユニリーバは新興国でアフォーダブル・プライシングを積極的に行って成功を収めている。

絞り込んだブランド商品の海外戦略をもつ

現在、日本企業ではグローバライゼーションに対応して世界で勝利を収める戦略やマーケティング手法、スキルが真剣に模索されている。

従来から規模の経済を追って「②輸出」ステージにいた企業は、その後徐々にプロダクト・アウト志向を改め、マーケット・イン発想の商品開発を重視してきた。そうなると現地化や地域特性に対して対応しなくてはならなくなる。

これが「③地域に焦点」ステージだ。これを推進していくといつの間にか商品数が飛躍的に増加し、1商品あたりの売上が下がっただけでなく、その管理コストだけでも収支を圧迫し始める。私の知るある加工食品メーカー企業でも年間300以上の新製品を発売し、ヒット製品の減少と利益率の低迷に悩んでいる。その他、多くのトイレタリーメーカー、家電関連メーカーも事情はまったく同様である。

図17　グローバリゼーションの道筋における各段階

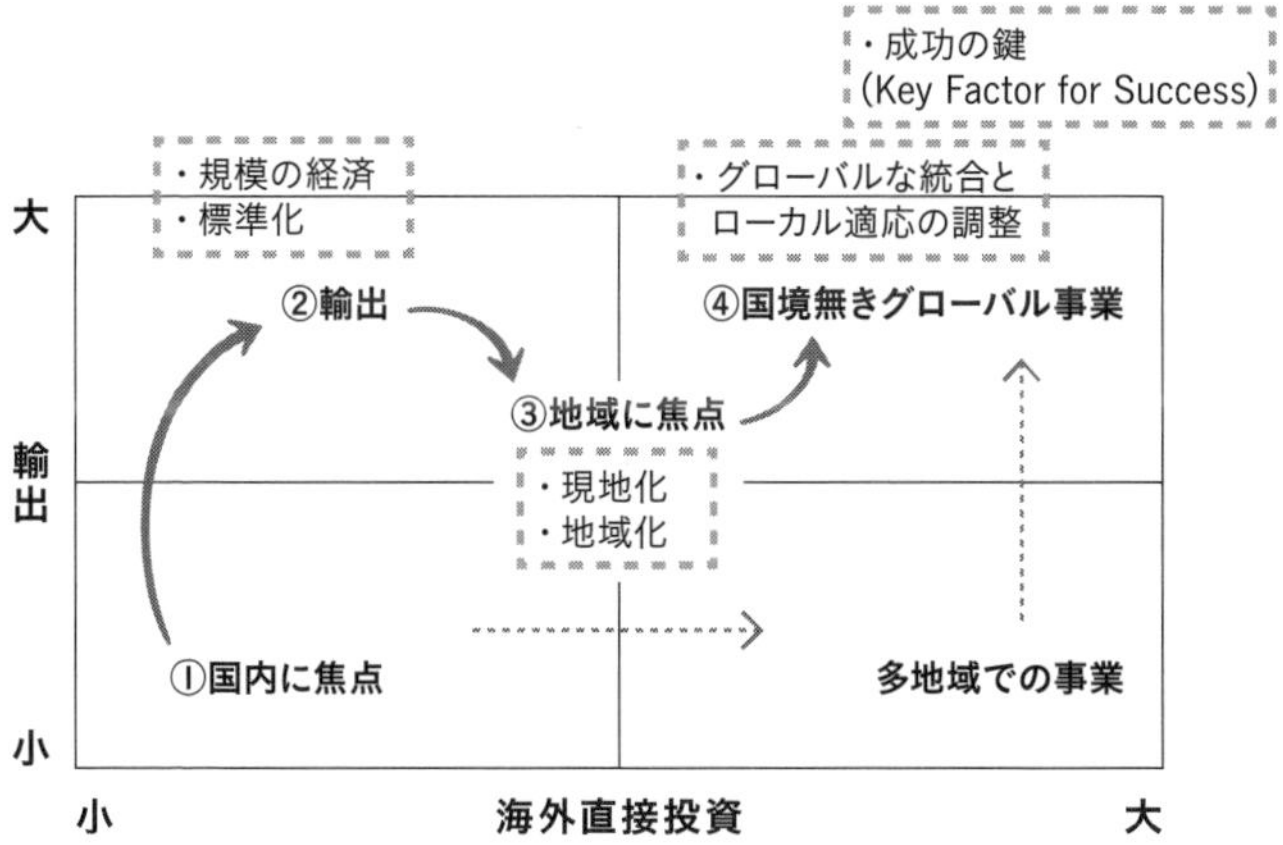

出典：『なぜ、日本企業は「グローバル化」でつまずくのか」』ドミニク・テュルパン、高津尚志 P43（日本経済新聞出版社）

一方で、アップルのようなグローバル企業は強いブランドと絞り込んだ商品、サービスの提供でかつてない最高利益を謳歌し、「④国境無きグローバル事業」段階まで発展してきている。ネスレやユニリーバ、P&Gなどのグローバル企業は、BOP市場においても先進国の世界戦略ブランドと同様の高級品で憧れを誘い、ローカル・ブランドを冠し、小分けしたパッケージでアフォーダブル商品・価格戦略でボリュームを稼ぐ。高付加価値のブランドを地域レベルからグローバルレベルまで同時に管理するスキルを蓄積して、高収益を稼ぎ出している。ブランドだけでなく、人材管理、資金管理、調達・製造戦略も本社機能と世界地域本部、各国との役割分担が高度に管理されている。

こうなると、「③地域に焦点」ステージの企業は「うまく、良いモノ」をつくるだけの経営戦略の限界から抜け出さなければならない。もっとも、③にも達せずに②の日本仕様商品を単に世界中にばらまくように輸出している日本企業も少なくない。グローバル市場では商品の高性能化や多機能化だけではモノを買う理由たり得ない。そのような環境でも勝てる技が必要だ。

だからこそ、デザインやブランドといった情緒的価値を訴求して顧客に「共感」してもらう仕組みが注目されている。顧客は「こんなことができる製品だから」買うのではなく、「このデザインが好き！」「このブランドは私のもの！」「ブランドが語るストーリーに共感した」から買うのだ。

顧客ごとの効用値を理解する（コンジョイント分析）

ターゲット顧客とポジショニングに合わせた提供価値の案をマーケティングコンセプトと呼ぶ。次ページ図18のマクドナルドの事例の様に、ターゲット顧客は一緒に食べる人や、来店時間、目的によって期待するベネフィットが異なる。マクドナルドは、特に午後3~5時にスターバックスに顧客が流出したことへの対策として、デザートと美味しいコーヒーを提供するという新しいマーケティングコンセプトの提案を行っていた。

そのようなマーケティングコンセプトができたら、その市場性をチェックしてみる必要がある。その際に有効なのがコンジョイント分析[10]である。商品やサービスについて顧客が望む要素はひとつではない。

顧客は複数の要素（属性）とその度合い（水準）の組み合わせをパッケージ化して考える。例えば、大画面テレビであれば価格（20万円、30万円、40万円）と画面の大きさ（37インチ、42インチ、46インチ、50インチ）、録画機能（無し、有り）や薄さ（通常、極薄）ブランド（A社、B社、C社、D社）などの中から組み合わせを考える。現実に

（10）実験計画法の一種。マーケティングでは価格と提供物の全体効用を決める場合に極めて有効な分析手法として活用されている。コンジョイント分析の実例に関しては後述。（233ページ）

図18　実行するマーケティングコンセプトを3視点で選択

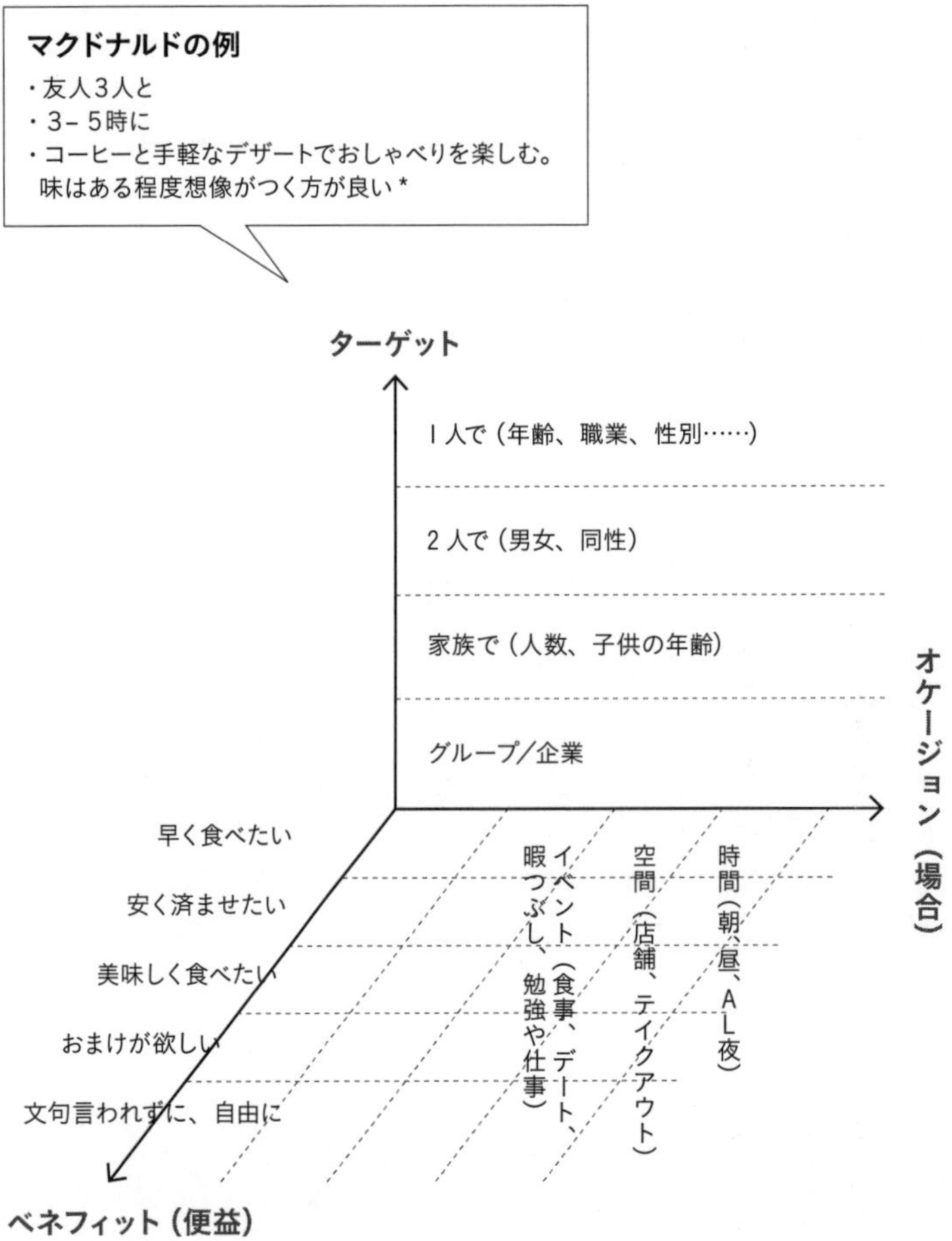

* ベネフィットは1つだけでなく、合わせ技が考えられる

は絞り込みをしてせいぜい十数種類の組み合わせの中で、「良い物は高い」という効用値と価格とのトレードオフを考えて直感的に商品を選択する。だが「良い物」の意味は個人によって異なるので、何を際立たせて商品やサービスを設計するかが問題となる。

コンジョイント分析とは、最適な提供物（Offerings）の要素を決定するための多変量解析を用いた分析方法である。個別の属性を評価するのではなく、商品全体の評価（全体効用値*）をすることで、個々の要素の購買に影響する度合い（部分効用値）を算出する。顧客のセグメンテーションや商品企画、マーケティングミックスのバランスを決定するためなど、マーケティング上の調査、分析に幅広く使われている。

＊効用値……効用値（Utility Value）とは満足する、嬉しい度合い

以下には、前出の選択肢を使った実際の調査データから得られた事例を示そう。これはあるテレビメーカーの部長レベルの方とその企業で働く女性派遣社員を対象にアンケートを行ったものだ。

結果は興味深いもので、40、50代男性の部長が購買を決める主要素は「ブランド」と

「価格」、「大きさ」であった。部長の皆さんが競合であると認識している他社ブランドと比較すると、なんと13万9千円の自社ブランドに対するブランド選好が起きていた。同等スペックの自社ブランドと競合ブランドが並売されていても競合が13万9千円以上安くなければ買わないということである。

これが派遣女性の回答ではまったく逆になっていて、その競合ブランドの評価が高く8万円高額でも購入したいという意向だった。派遣女性の重要度の順位は「録画機能」「価格」「大きさ」の順である。録画機能の重要値の差は大きく、録画機能が全体効用の中で最大の重要度と判断しており、付いていれば6万9千円の効用値が増した。

また、画面サイズは真逆の反応で部長は「大きくなればそれだけ効用値が上昇して余計に金額を

図19　コンジョイント分析(テレビの購買を決める主要素)

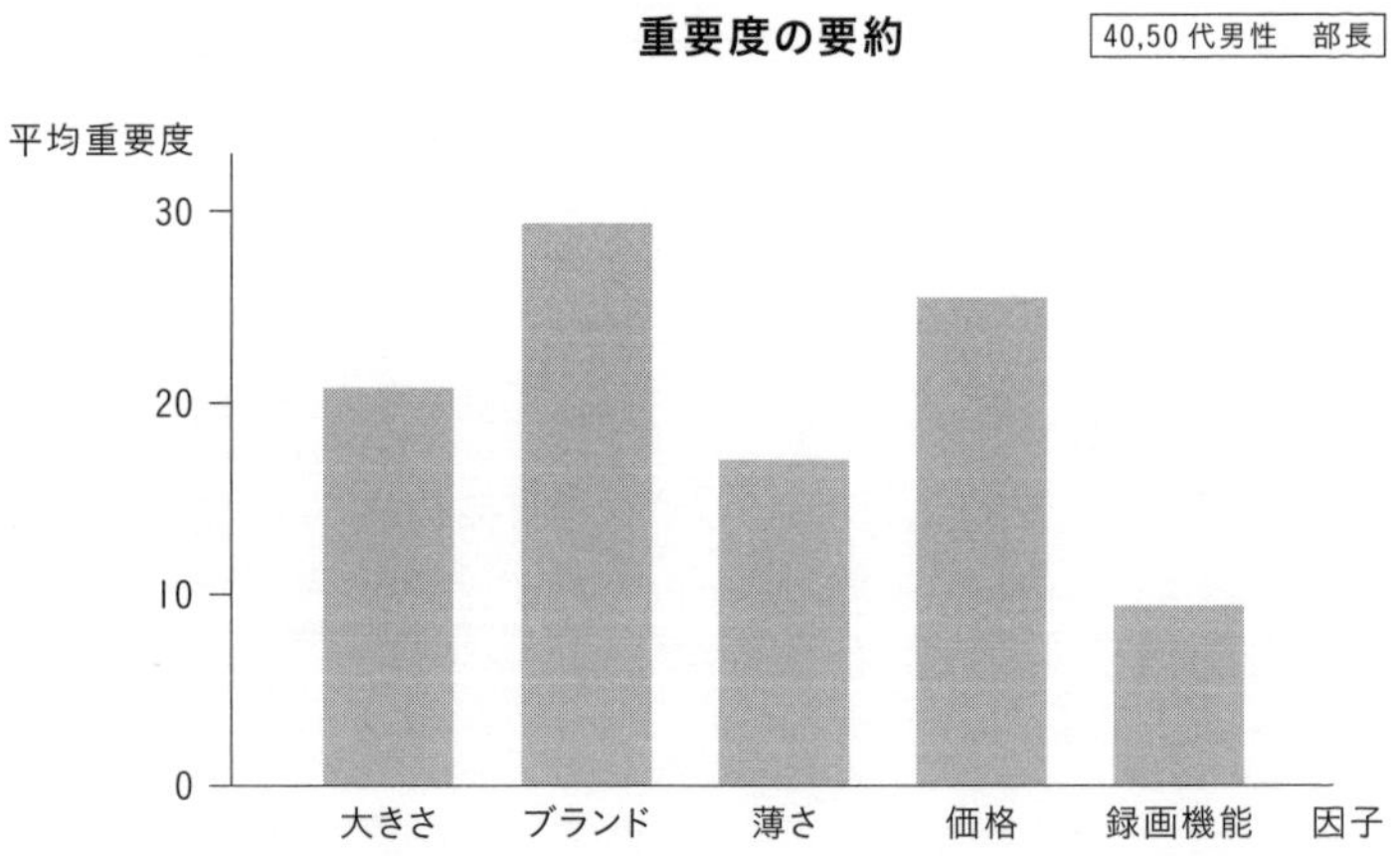

払う。派遣女性は37インチの効用値が一番高かった。これは自室で使うという前提なのだろう。

一方で、部長は本体の薄さに効用値を認めていたが、派遣女性はまったく反応していない。コンジョイント分析の大きな価値は、価格の差やブランドの差を効用値というひとつの物差しにして選好度合いを計れるので、ターゲット顧客毎の効用値を設計できるのである。無論この分析も万能ではなく、被験者がそれぞれのブランドや機能の違いを実感していない場合は役に立たない。あまりにも突飛な効用には値がつけられないのは当然のことである。

実際の調査・分析の細かい手法に関しては、別の事例を使って「第14章 体系的な分析手法を組織化する」で詳しく解説している。

図20 コンジョイント分析(テレビの購買を決める主要素)

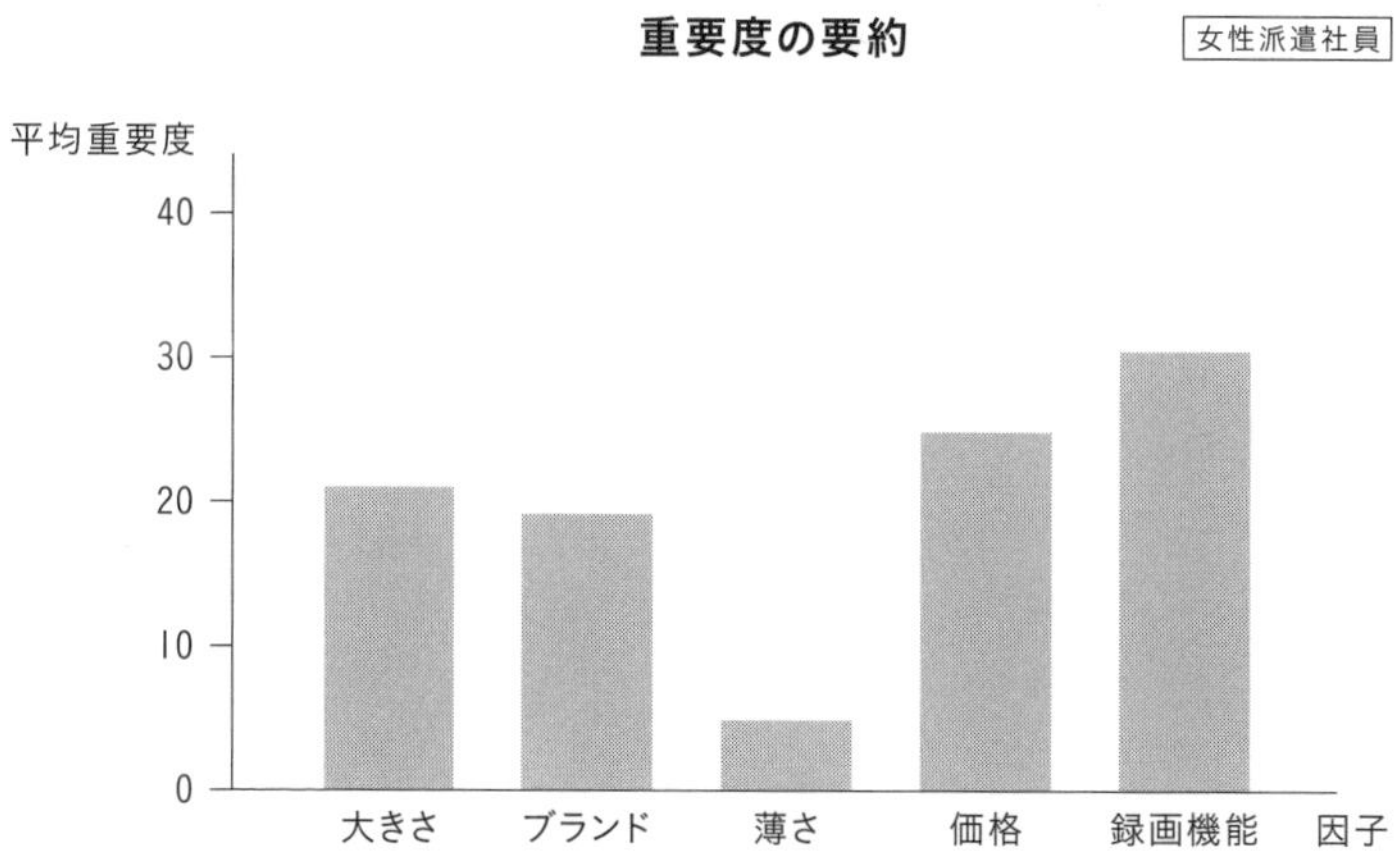

第10章 価値を伝達する（Communication, Convenience）

価値伝達のためのコミュニケーションと利便性つまり「手に入れやすさ」の設計について解説する。まずは顧客価値を知覚するプロセスのモデルと、ブランドに対する関与度と理解を深める、ブランドストーリーの手法について解説しよう。

消費者の購買行動モデルの変化に対応する

図21で示されるように、人は商品の存在を知覚（Attention）するところから始まって、購買に近づいて何らかの感情が湧き（Interest）、最終的には購買行動（Action）に移る。それぞれのステップに適したコミュニケーションの配分が必要である。

一般的に知覚時期にはテレビ広告やパブリシティ（無料広告）の効率が良く、その後感情を喚起するならば詳細な情報が提供できる雑誌や新聞広告、購買行動には店頭での販売促進、人的営業や時にはソーシャルメディアによる知人からの口コミの有効度合いが増していく。従来は「知覚」「感情」「行動」という基本的な購買モデルであったものが、マーケティングの環境変化と商品特性によって様々なモデルが発展してきた。

次ページ図22に消費行動モデルの変化を示す。マス・マーケティング時代に消費行動モデルとして活用されていたのがＡＩＤＭＡモデルである。ＡＭＴＵＲは反復購買が必須の商品では顧客ロイヤルティ構築が最重要であることを意識して考案された。

その後、電通がＡＩＳＡＳという、Search（情報検索）というステップを挿入し、かつ購買

図21　コミュニケーション・ミックスの効果は購買行動のレベルによって異なる

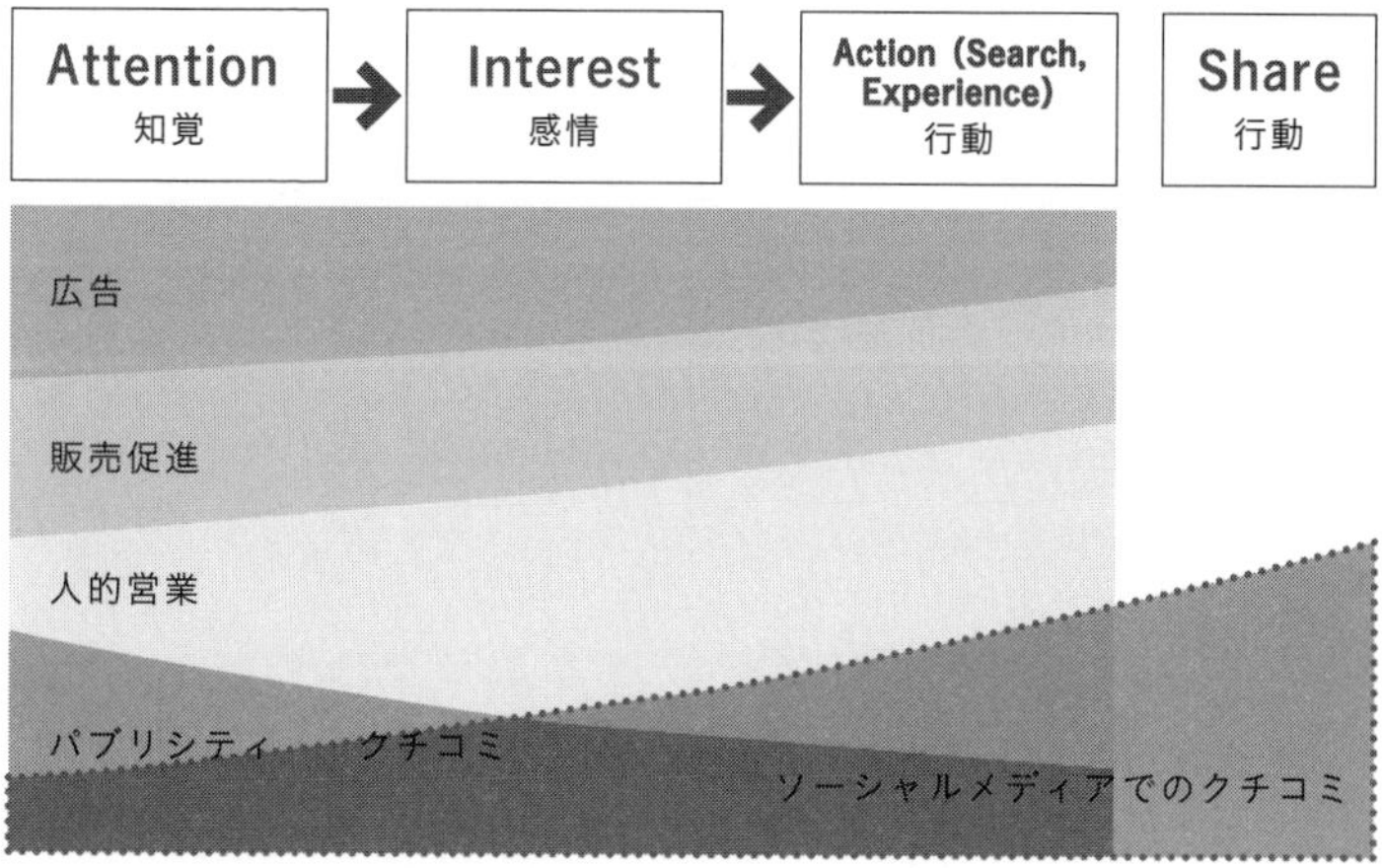

図22　消費行動モデルの変化

AIDMA（マスマーケティング）

Attention	Interest	Desire	Memory	Action
注意の喚起	関心を引く	欲求を喚起	商品を記憶	購買行動を促す

AMTUR（反復購買を促すロイヤルティ重視）

Attention	Memory	Trial	Usage	Royalty
注意の喚起	商品を記憶	比較・試用喚起	購買・使用させる	反復購買を促す

New Model*

AISAS

Attention	Interest	Search	Action	Share
注意の喚起	関心を引く	検索させる	購買行動を促す	情報共有を喚起

AIDEES

Attention	Interest	Desire	Experience	Enthusiasm	Share
注意の喚起	関心を引く	欲求を喚起	比較・購買を喚起	顧客の心酔を喚起	情報共有を喚起

AISCEAS

Attention	Interest	Search	Comparison	Examination	Action	Share
注意の喚起	関心を引く	検索させる	比較を喚起	試用させる	購買行動を促す	情報共有を喚起

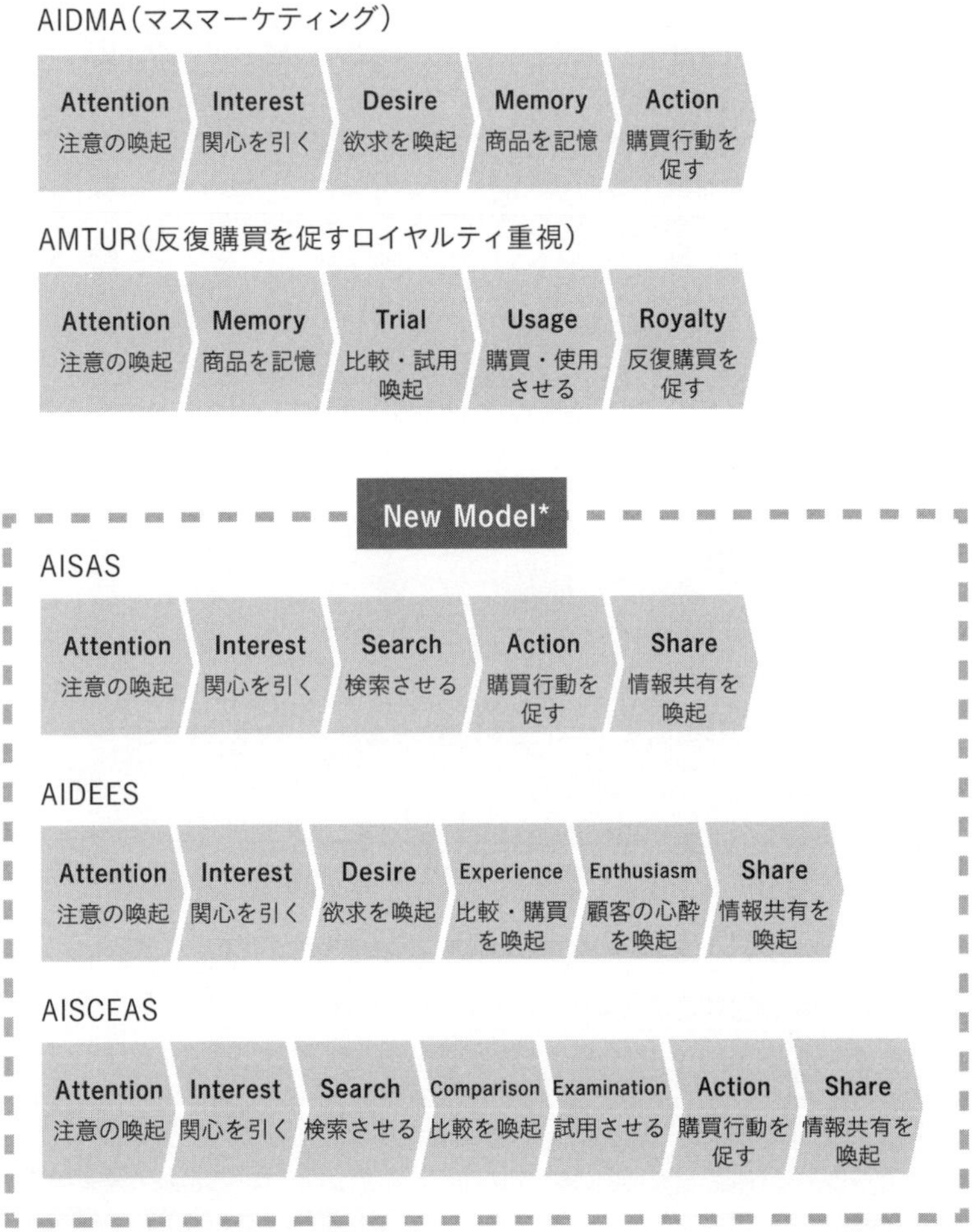

* 商品特性によって最適モデルは異なる

後に感想を情報シェア（Share）するモデルを広めていった。

これらは自社ブランドに対して、「純粋想起*の認知度と助成想起**」「商品への興味」「使ってみたいか」「買ってみたいか」などの質問をアンケートして、それぞれの段階で滞留している見込み顧客の数量から判断して、次に注力すべきマーケティング戦略、コミュニケーションのメッセージやメディアを選択するために使用する。

趣味性の高いバイクやデジタル一眼カメラ、高級ワインなどの「複雑購買型商品」（後述）にはＡＩＳの後にComparisonで他ブランドと比較検討し、Examinationで実機を触って、味わってみて体験し、Action購買行動に導き、Shareを促すというモデルが適しているだろう（ＡＩＣＥＡＳ）。

自ブランド商品の認知が80％あれば認知レベルは問題ない。次に興味レベル、検索レベルでその値が％ずつ下落し、60％まで見込み客レベルが落ちていたが、20％下落と一番落ち込みが激しかったのは次の「比較検討」であったとしよう。その際には直接競合している商品比での優位性アピールを、専門誌、専門サイトなどの納得性が高く情報密度の高い媒体でアピールする必要がある。Examinationに弱点があれば、商品やサービスの無料提供が効果的である。

＊純粋想起……ブランドの認知度調査で、何も助成（写真などのヒント）されずに想起できたもの。ブランドの浸透度が高いとブランド力が高い。事例として「炭酸飲料と言えば思い浮かぶものは？」との問いに「コカ・コーラ」と答えた被験者が何％か。
＊＊助成想起……ヒントありで答えた率。純粋想起されたブランドよりブランド力は落ちる。

商品カテゴリーとブランドに適したコミュニケーション手法

「商品への関与度とブランド差異認知にも依存するので、自社ブランドに適したモデルを選択すべきであろう。では、その商品カテゴリーとブランドに適したコミュニケーション手法について次に述べる。

「関与度」と「ブランド知覚」に合わせたコミュニケーション手法を採択

最適なコミュニケーション手法は商品カテゴリーによって異なるので、自社ブランドに適したモデルを選択すべきであろう。ここからはその商品カテゴリーとブランドに適したコミュニケーション手法について述べる。

アメリカの消費者行動研究者ヘンリー・アサエルは、製品のタイプによって消費者の

図23　アサエルの4購買行動類型*

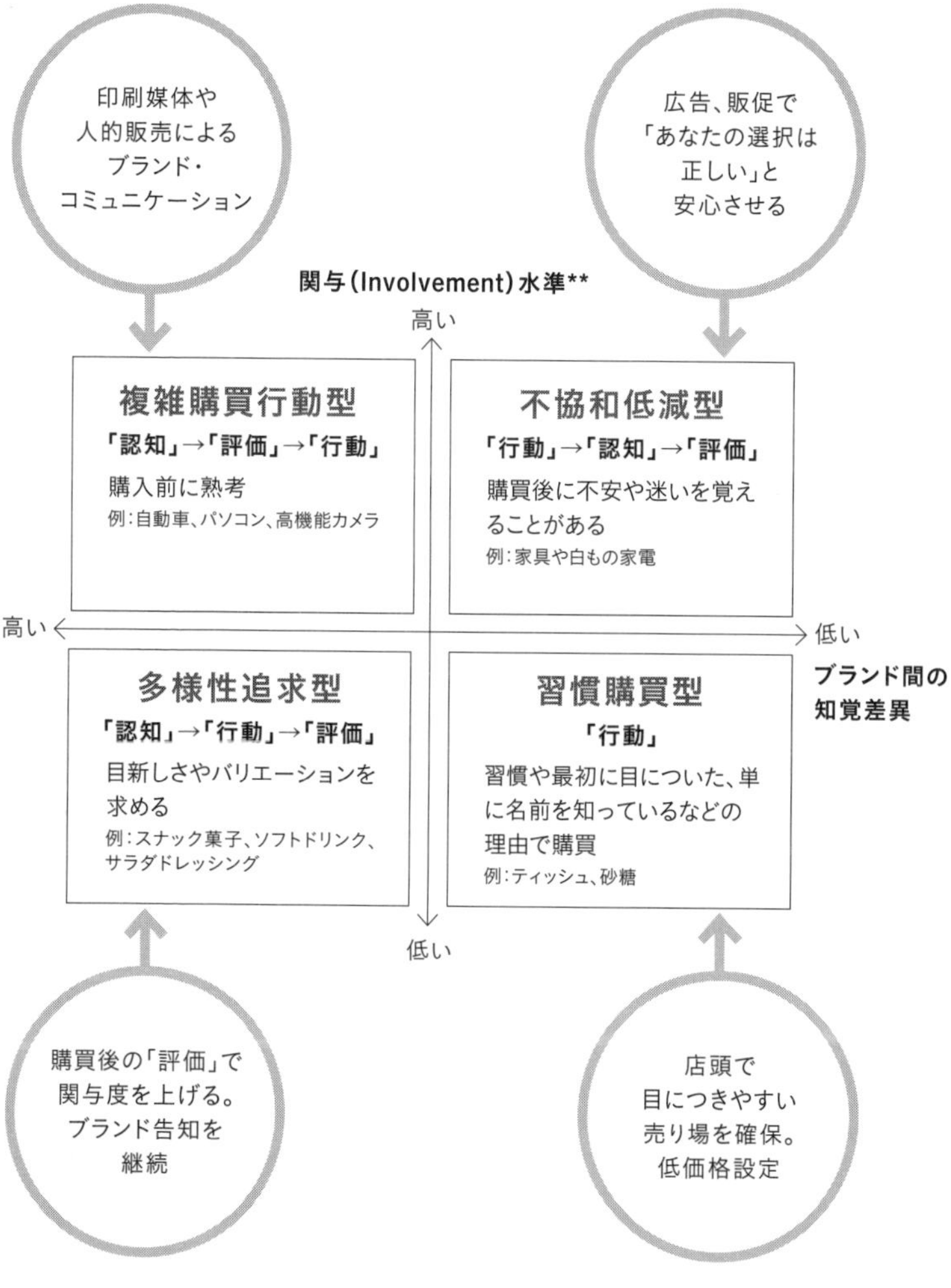

*　『Consumer Behavior and Marketing Action』　ヘンリー・アサエル
**　こだわりや重要性、思い入れの度合い

購買行動が異なるとし、製品を4タイプに分類してそれぞれに適したマーケティングが効率を高めるとしている。[1] アサエルは、「関与水準（消費者と製品の関わり合いの程度）」と「ブランド間の知覚差異」という2つの軸を示し、それぞれの高低により前ページ図23の4タイプに製品を分けた。消費者が自己イメージと製品が強く結びついていると感じる場合や、商品機能が重要な作業に直接関係することを感じていたり、こだわりや思い入れを持っていたりする場合に関与水準は高くなる。

ブランド間の知覚差異とは消費者がそのカテゴリー内のブランド間の違いを明確に知覚できる程度のことである。

複雑な購買行動型の製品

ブランドロイヤルティが構築しやすく、したがって価格プレミアムが取りやすい。顧客は多くの情報処理が必要となり、その学習行為そのものが喜びに直結するような、蘊蓄のあるブランド・ストーリーが必要である。

購入前に熟考するので「認知」のコミュニケーションにはマス媒体に加え、ウェブで情報収集させることは有効であるが、印刷媒体での権威付けも有効。その後の「評価」で、「高価なのは訳がある」ことを納得してもらえるように、サンプル品で実際に消費

（1）『Consumer Behaviour and Marketing Action』（South-Western Pub）

や操作、比較していただき、その蘊蓄を実体験させることが有益である。その際の人的販売のスキルが購買決定に大きく影響を及ぼす。一般的に自動車、高級なカメラ、マンションの人的販売、高価なワインなど食品の試食販売などは典型例だ。

多様性追求型の製品

スナック菓子やソフトドリンクなどの関与度は低い場合が多いが、味の差などのブランド間の知覚差異は感じている。ブランドロイヤルティは低くなりがちなので気分に応じて様々な商品を試す。そのような多様性を追い求められる商品は購入後の評価でその違いを知覚させて、ブランドへの関与を引き上げる施策を試してみるべきだ。

コカ・コーラの認知度は圧倒的に高いにもかかわらず、コミュニケーションに力を入れているのは、「こんな時はコーク」とオケージョンを想起させて反復購買のためのきっかけを与えているのだ。ブランドへの関与度を高めるためにウェブ、ＳＮＳでの共感を向上させるキャンペーンを行っている。

不協和低減型の製品

白もの家電の洗濯機などは購入後に他社商品と比較する機会が少ない。電気店に出向いて、初めて様々な商品を見せられて最新の機能を知り、勧められるままに購入してしまう。その後ちょっと思ったように動かなかったり、機能が使いこなせなかった場合に「この選択は間違っていたのだろうか？」と感じやすい。この認知的不協和を解消するためにはテレビ、ウェブなどで、「顧客満足度Ｎｏ・１」「実験で実証された洗浄力」「実際の顧客の声は……」などと「購買が正解であったこと」をコミュニケーションする必要がある（認知的不協和に関しては第11章「顧客価値創造プライシングを実行する(Cost to the Customer)」で詳しく解説する）

習慣購買型の製品

家にあったからとか、名前を知っているからとかの理由で購買が始まり、後は習慣で反復購買するような商品である。商品に関する情報収集や他商品との比較をしない傾向が高いので、一度習慣に刷り込めれば良い。店頭での露出や安売りで習慣が付くことも多い。実行することは容易ではないが、「こだわりのある塩」もつくり出せるし、ブランドを冠したバナナも存在する。その際は単なる塩ではなく、産地や製造方法の蘊蓄《うんちく》などをストーリーにして、知恵を使ったコミュニケーションによってコモディティ化の罠から逃げ出す。

価値を常に消費によって知覚させる

詳しくは後述するが「顧客にペインを感じさせない」ことが顧客価値創造プライシング上ひとつの勝ちパターンである。しかしながら、ここには重要な留意点がある。もし、あまりに金銭を支払ったペインを感じずに商品を手に入れると、その商品価値のありがたみが薄れてしまう。同じブランドもののバッグが２つあって１つは極端なバーゲン品として購入したりすると、なぜか定額の商品のほうが価値があるように思える。すると商品を使う頻度が減ってリピート購買の低下にまで繋がる可能性がある。

昨年、先に半年支払いを済ますと新規加入金が安くなるパッケージ料金を見つけたのでＣＡＴＶに加入し、欧州サッカーと映画三昧で楽しもうと考えた。いくつかの試合や映画を録画して気がつくと膨大な量のライブラリーはできたのだが、結局時間がなくてハードディスクには「見ていない」ことを示す「未」の行列である。これならＤＶＤを買ったほうが安くつく。わずか半年でやめてしまった。

商売は前金で金銭を受け取った時点で完結するものではない。実際に消費されて初めて会員資格を延長しようと思ってくれるし、改良された新製品に手が伸びるのである。

「サンクコスト*効果」として知られているが、人は先に投資した金や時間がムダになってしまうことを避けようとする。サンク（埋没）してしまったコストは将来への判断に影響を及ぼさないように切り捨てるべきと投資理論では解説するが、通常の生活に応用するのは難しい。

スポーツクラブなどの事業でも、まとめて年会費を支払う顧客より、毎月支払うことを選択した顧客のほうが、継続率が高くなるそうである。[2] これは「支払った」金銭を意識し続けさせられると「使わないと勿体ない」と感じ、実際に消費が進むからである。

各種の調査結果からも使用頻度によって次回の購入確率が異なることが証明されている。顧客を一定期間つなぎ止めておく効果や、前払い金が目前のキャッシュフローを潤沢にする効果などに誘惑を感じて、長期間の契約を安値で受注する企業が多い。すると、結局利益を損ない、皮肉なことに顧客の使用意識が低くなるために、却って顧客との持続的な関係を壊すことになる。この事態を避けるためには、例えばPCのアンチウイルスソフトが定期的にお知らせ画面を表示してワクチンのデータをアップデートするように、使用感を明示することが重要だ。また、流行のウィルスやハッキングに対するニュースを知らしめて啓蒙し、「普段気がつかなかったけど、使っていて良かった」と思わせることである。

（2）『価格戦略を知るものが利益を制す（Harvard Business Review Anthol）』（ダイヤモンド社）

＊サンクコスト（sunk cost）……埋没費用（まいぼつひよう）とは、事業に投下した資金のうち、事業の撤退・縮小を行ったとしても回収できない費用

ブランド・ストーリーをつくり顧客の共感を生む

ブランドストーリーを構築するために必要な要素は以下のように4つである。ブランドをあたかも人物のキャラクターに例えてそのストーリーを想定してみると良い。

①▼ターゲット

「私は誰のためのものなのか？」というコアターゲットのペルソナの定義を簡潔に想定する。

②▼ブランドの定義

「私は何なのか？」というターゲット顧客に対する商品、サービスの中核的キャラクター。

③▼ベネフィット

「お客様にどのような便益を提供するのか？」という効用。

④ 主張の根拠

「なぜそのベネフィットを主張できるのか?」という理由。ブランドの歴史、素材や技術的根拠、科学的根拠、権威付けに繋がる著名なユーザーの使用話や出来事など。

米国マーケティング界で著名なセス・ゴーディンはマーケティングにはブランド・ストーリーがいかに重要かを力説している。[3] 情報過多の世界では「物語は世界を理解しやすくしてくれる」、そして「広がっていく物語を語らなければ、時代遅れになってしまう」。だから、「マーケターが物語を語り、消費者はその物語を信じる」と言う。

例示としてリーデル社は「リーデル製のグラスで飲むとワインの味が良くなる」という物語を社員全員が熱烈に信じて商品を開発し、そしてプレミアム価格で販売し成功している。リーデルのグラスの大きさと形状は、葡萄の品種に最適なデザインを施しているという限りない蘊蓄《うんちく》ストーリーに彩られている。リーデルのホームページに誇らしく表記されているが、ワイン評論家として名高いロバート・パーカー・Jrを筆頭に著名なワイン評論家がリーデルの素晴らしさを讃えている。セス・ゴーディンによれば、明

(3)『マーケティングは『嘘』を語れ!—顧客の心をつかむストーリーテリングの極意』(ダイヤモンド社)

示的に同一ワインを他社とリーデルのグラスに注ぎ比較させると、彼らにとって「劇的に美味しくなった」そうだ。

　そのような物語を信じて一般ワイン愛好家がリーデルを買う。かくして評論家も、一般愛好家も友人に、やっぱりリーデルだよね、と物語の共感者＝共犯者になる。しかしながら、グラス形状がわからない二重盲検法という厳密な実験を行った結果、誰も1ドルのグラスと20ドルのグラスで飲むワインの差異を知覚できなかったそうである。つまり、差額19ドル（リーデルの製造原価は多少高いだろうけど）は「創業２５０年の名門。あのロバート・パーカー・Ｊｒのお墨付きだ」という「信頼訴求」と「世界で初めてブドウ品種ごとに理想的な形状を開発した。これらのグラスは、世界中のワイン生産者たちと共に〝ワークショッ

図24　リーデル社のブランド・ストーリー

ターゲット	蘊蓄好きなワイン愛好家。富裕層。 （ロバート・パーカー信者）
ブランドの定義	ワインなどの酒類の特性に応じたグラスを提供するスペシャリスト
ベネフィット	ワインのブドウの品種、産地の持ち味を引き出す
主張の根拠	・創業 250 年の名門 ・世界で初めてワインのブドウの品種に最適なデザインを施した ・ワイン生産者とのたゆまぬ研究の成果を反映 ・ロバート・パーカーを始めとする著名なワイン評論家がお墨付きを与えた

プ〟と呼ばれるテイスティングを繰り返して決定されている」という理屈の「合理」訴求と、ワイン愛好家なら「その味の差がわかるはず」という、感情訴求を統合されたブランドストーリーへの共感にほかならない。

ターゲットの章で述べた「個人的ニーズ」という最高位レベルで重要な渇望のひとつは知識欲・レベルアップへの欲である。ここが刺激されればコストを超えた価値を感じやすくなり付加価値分への支払い意向が増す。注記しておくがセス・ゴーディンは自著をマーケティングしたいために「嘘を語れ」という扇情的なタイトルを付けた。本当に物語の中味が空虚な「嘘」であれば、露呈するとブランドの信頼に取り返しがつかない毀損が起こる。

消費者は馬鹿ではないので、「信じたい嘘」に自分の心の世界観（フレーム）に応じて反応する。だからそれに対応し、「そうだ！　マーケターは嘘つきだからな」という読み手の世界観を利用して物語を書いただけだ。その上で期待を良い意味で裏切って「信じられる物語のつくり方」を説いている。そして、私は彼の本を買った。

顧客の共感を生むブランドのストーリーの重要性

「共感」は「Sympathy：相手の状況に対する同情」ではなく、「Empathy：他人の主張や感情を、あたかも自分自身のものであるかのように理解し、感じる」ことであると考えている。そして「ストーリー」についてだが、社会学や心理学、医療などの分野には「物語的手法：ナラティブ・アプローチ（narrative approach）」と呼ばれる調査や研究の方法がある。

医療分野で科学的事実に基づいた治療の限界を補完する手法、アプローチとして注目され、心理カウンセリングやコーチングでは患者や対象者の物語を引き出すことから、治癒や自己理解・肯定への動機付けに結びつく有効な手法として活用されている。ナラティブは出来事の時間的連鎖である「物語」そのものと「語るという行為」を同時に含む。

ストーリーとは、その「物語」にプロット（筋立て）が加わり、意味性が増したものである。そして、ある個人のストーリーを聞いた時に聞き手が「それはまさしく私の話だ！」と共感を覚えるものを「コレクティブ・ストーリー」と呼ぶ[4]。

（4）『ナラティブ・アプローチ』（勁草書房）

この物語的手法は近年経営学のストーリー・テリングへと繋がった。マーケターは周囲をわくわくさせるブランドのビジョンとストーリーを語り、聞き手から「その顧客は私だ」という共感を得ねばならない。そのためにはストーリーそのものだけでなく、ストーリー・テリング、つまりそれを語る行為そのものの、お作法が重要である。テレビコマーシャルは30秒や、稀にもっと長尺もあるが通常15秒だ。ベンチャー起業家が投資家の乗るエレベーターに駆け込んで、短時間で自分のアイディアを売り込む「エレベーター・トーク」といわれる有名な逸話でも、与えられるのはせいぜい30秒から1分以下だ。この凝縮された時間でストーリーの核をつくらなければならない。そのためには相手の課題や悩み、嗜好を研究して練り上げる。特にマーケティングであれば「誰が、誰に向かって語るのか？」を明確にしなければ、ストーリーを先鋭化できない。

「僕の名前はリオネル・メッシ。これが僕の物語です」というサッカー界の世界最高プレーヤーであるメッシ本人の語りとアニメから始まるアディダスのコマーシャルを覚えている人は多いのではないだろうか。彼は11才のときに成長ホルモンの異常から小さいままで、辛い治療を受けた。でもそのお陰で誰よりも素早く地を這うようなドリブルができるようになった。「だから時には最悪な状況からも良い結果が起こるんだ」と語り、エンドロールで「Impossible is Nothing：どんなことだって可能だ」と字を描く。これまでメッシを知らなかったのに彼のストーリー・テリングの力で大ファンになった人たちも多かった。当時のアディダスの主キャンペーンテーマが活き活きと語られ、多くの見た人の共感を得た。今でもユーチューブで多くのバージョンを見ることができるが、50万人近くの回覧と数多の「いいね」が刻まれている。

商品そのもののストーリーではなく、環境や社会問題の解決に企業が積極的に関わっていることへの興味を惹起し、ブランド価値を向上させると同時に企業としても利益を得ようとするマーケティング手法を「コーズ（主義、主張）・マーケティング」と呼ぶ。

初期の成功事例としては、１９８３年にアメリカン・エキスプレス（ＡＭＥＸ）が「自由の女神修復資金寄付キャンペーン」を展開した。ユーザーがＡＭＥＸカードを利用1回するごとに１セントを寄付するもので、売上が増大し、３ヶ月で＄１・７ミリオン（当時の邦貨換算約4億円）寄付するという成果を上げた。このキャンペーンは現在歴史的な建造物などの保護にまで拡大されている。ＡＭＥＸというブランドイメージと自由の女神を救うというアメリカ人の愛国心をくすぐるストーリーが共感を呼んだ。また、期間内に他のカードを使う代わりにＡＭＥＸを使うだけで、自分のコストでなくてもユーザーが寄付に参加するという、「気軽に参加」できることにストーリーが広がる要素があった。

　ブランド構築とストーリーが重要であることは大企業に限ったことではない。若手経営者の葉茸《はぶき》社長が経営する株式会社和僑商店は、ブランド・ストーリーを構築できる企業だ。社長は糀《こうじ》ブームの立役者の一人でもある。店舗と商品デザインのシンプルで美しいことは特筆すべきだ。

　葉茸社長の書くホームページには「古町糀物語[5]」というストーリーが語られている。事業の生い立ちは小さなおにぎりやさんだったこと。素材を吟味するうちに糀という素材と幸運にも出会ったこと。そして古町という、かつて新潟市の一大繁華街がかつての勢いを失いつつあることを憂いてそこに糀ドリンクの店を２００９年に開店し、それが見事に成功したこと。その後、２０１２年に松屋銀座店、自由が丘店、渋谷ヒカリエ店と4店舗に拡大した。「わらしべ長者」のようなストーリーが葉茸社長の口から語られるとつい引き込まれるし、その思いはホームページにも現れている。おにぎり屋でこの企業のファンになった方々が糀ドリンクの新店の噂を聞きつけて足を運ぶそうだ。そして、今では新潟市で酒造メーカーの立て直しに着手していて、顧客が酒蔵を訪ねるまで

（5）http://www.furumachi-kouji.com/kmonogatari.html

になった。
こうやって彼はサポーターを増やしてきたのだ。

ソーシャルメディア、オウンドメディアなどの新しいメディアを使いこなす

不況時に企業は身を守るために余分な出費を抑制しがちだ。外資系のマーケティング会社では費用項目としてブランド構築に寄与する費用、「広告費」はAbove the lineといわれ、「店頭活動やリベートなど販売促進費」Below the lineといわれる。そして景気後退期には、Aboveが削られてBelowが積み増しされることが多い。

私が商品のブランドマネージャーだった頃、担当商品ではできる限りこのAboveとBelowの割合を50：50近くにバランスさせる不文律があった。それはその会社のブランド戦略の重要な指針だったのだ。

しかし、このPaid Media（純広告：広告費を支払って使うメディア）の投資効率が落ちてきている。私の知る某大手食品会社ではBelowが80％を超えるという状況である。これはブランド構築よりも即効の売上狙いになっているからだ。

また、ＴＶＣＦは効果測定が困難なので特に不況時は効果が見えやすい販売促進が脚

光を浴びやすい。この企業だけの話ではなく、一般に企業は景気後退期にこうしてコストのかかるＴＶＣＦよりも、他の武器を選択しがちである。効率が良く、かつブランド構築に効果のある手法が必要だ。

そこで、ソーシャルメディアと自社管理しているメディア（Owned Media：オウンドメディア）を費用対効果の高い共感訴求ツールとして活用する企業が増加した。これによって、企業は顧客と生の反応と共感が得られ、そして時には商品開発にも参加していただいて「協創」し、その商品への普及活動にまで広げることができる。ブランド・ストーリーの伝達には、サポーターが欠かせない。このソーシャルメディアとオウンドメディアを用いたアプローチがいかに旧来手法と異な

図25　3メディア×4スクリーンでコミュニケーション

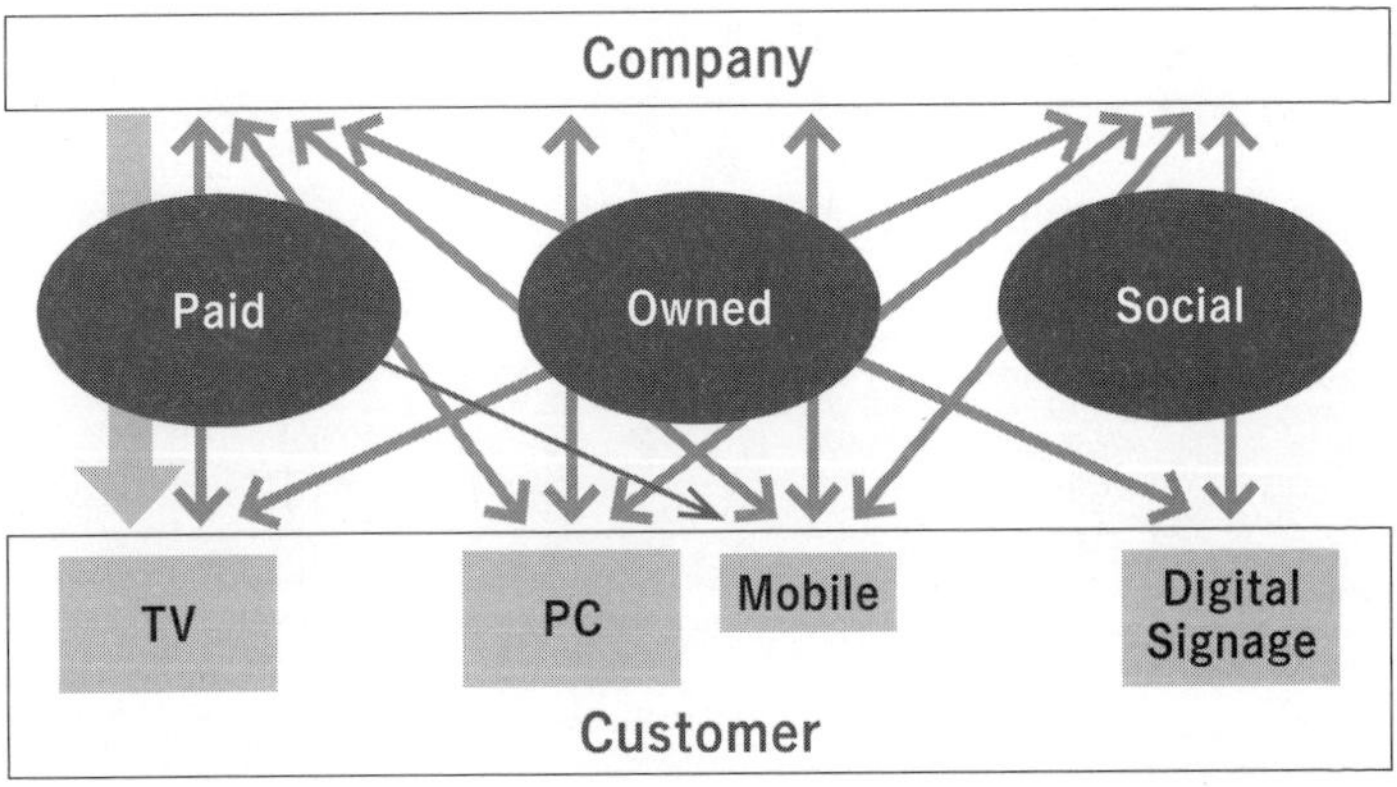

るかを述べよう。

私には昔ながらのブランド構築手法は読売巨人軍に代表されるような野球球団と既存メディアの関係を思い浮かべると分かりやすいと感じている。テレビや新聞などでマス広告を空から大量投下することでブランドを育成し、売上を稼ぐ。典型的な「縦の関係」を構築する。

一方、新しいブランド構築には、例えば浦和レッズのようなサッカークラブチームとソーシャルメディアの関係を思い浮かべていただきたい。チームは地元クラブに共感を持っている熱狂的ファンに支えられ、ブランドが草の根運動の結果として育成される。そのクラブチームとサポーター間には「横の関係」がある。ソーシャルメディア活用のヒントはキュレーター（情報の目利き。元の意は学芸員）の存在である。

インターネットは情報過多で情報の真偽も玉石混淆だ。情報を受ける際に「誰が発信したか？」または、「誰が目利きして整理、解説してくれたか？」という点が重要だ。良いキュレーターと繋がることで、彼や彼女に信頼と共感を感じている人々が人間関係図として繋がってくる。このソーシャル・グラフ（人間相関関係図、特にウェブ上の人同士の結びつき）が今後共感を生むために重要になっていくだろう。

加えて自社媒体として、ホームページやメールマガジン、ＳＮＳの中でも自社がコンテンツ管理をしているファンサイトを活用する必要がある。顧客と直接的な関係性を創造する自社メディアとして、情報発信だけでなく商品・サービスの販売チャネルにもなり得る。ホンダでは「もはやメデイアはお金を払うだけではなく、自らつくるもの」といわれている。伝達力を増すためには既存マスメディアとソーシャルメディア、オウンドメディアの上手な融合を図る必要がある。

ヤマダ電機ではアマゾンなどの「ショールーミング*」への対応としてＯ２Ｏの視点から自社ゲームサイトの運営を開始し、販促用のポイントの使い道を増やして顧客のロイヤルティを高め、来店率を上げる施策に力を入れている。ＳＮＳのサイトサービスを充実させ、全国に約７５０ある店舗と３０００万人の顧客基盤規模で実行している。副社長兼ＣＩＯ（最高情報責任者）飯塚裕恭氏は東洋経済新報社のインタビューに答えて「アマゾンや楽天と戦いたい。戦って勝つ。これしかない。ネット企業には絶対に負けない」と宣言した。

＊ショールーミング……顧客が店舗で商品を見て検討した後にネット通販で購入すること。店舗がショールームのように利用されることから。

その３つのメディアをターゲット顧客に合わせ、４つのスクリーン（テレビ、ＰＣ、携帯、電子看板（Digital Signage））上でブランドメッセージを効果的に使い分ける必要がある。

また、今後はソーシャルメディアの発達と顧客の情報リテラシーの向上によって、広報活動とブランドコミュニケーションは統合されていくだろう。そうなると単なるマス広告だけではなく広報、ソーシャルメディアなどのＩＴの技術進化も俯瞰して、判断ができる組織なり責任者が必要とされる。外資系企業ではその調整役（Orchestrator）としての役割をＣＭＯ[6]が担っている。これは日本企業にとって大きな課題だ。

Convenienceを設計する

コミュニケーションの一部がウェブやスマホに比重がかかっていくと、その延長線上で販売までConvenience（購買利便性）設計に繋がる。ここまでにそのヴァーチャルな繋がりは述べてきたので、ここからは現実の流通の戦略に絞って話を進める。

次ページ図26を見てほしい。流通には直販モデルと間接販売モデルが存在する。間接販売は間に流通業者を介することで取引数を低減して効率化を図る反面、ブランド構築

（6）Chief Marketing Officer（259ページ）

図26　Convenience（顧客への利便性とコスト、チャネル支配のバランスを探る）

■流通チャネルの主なパターン

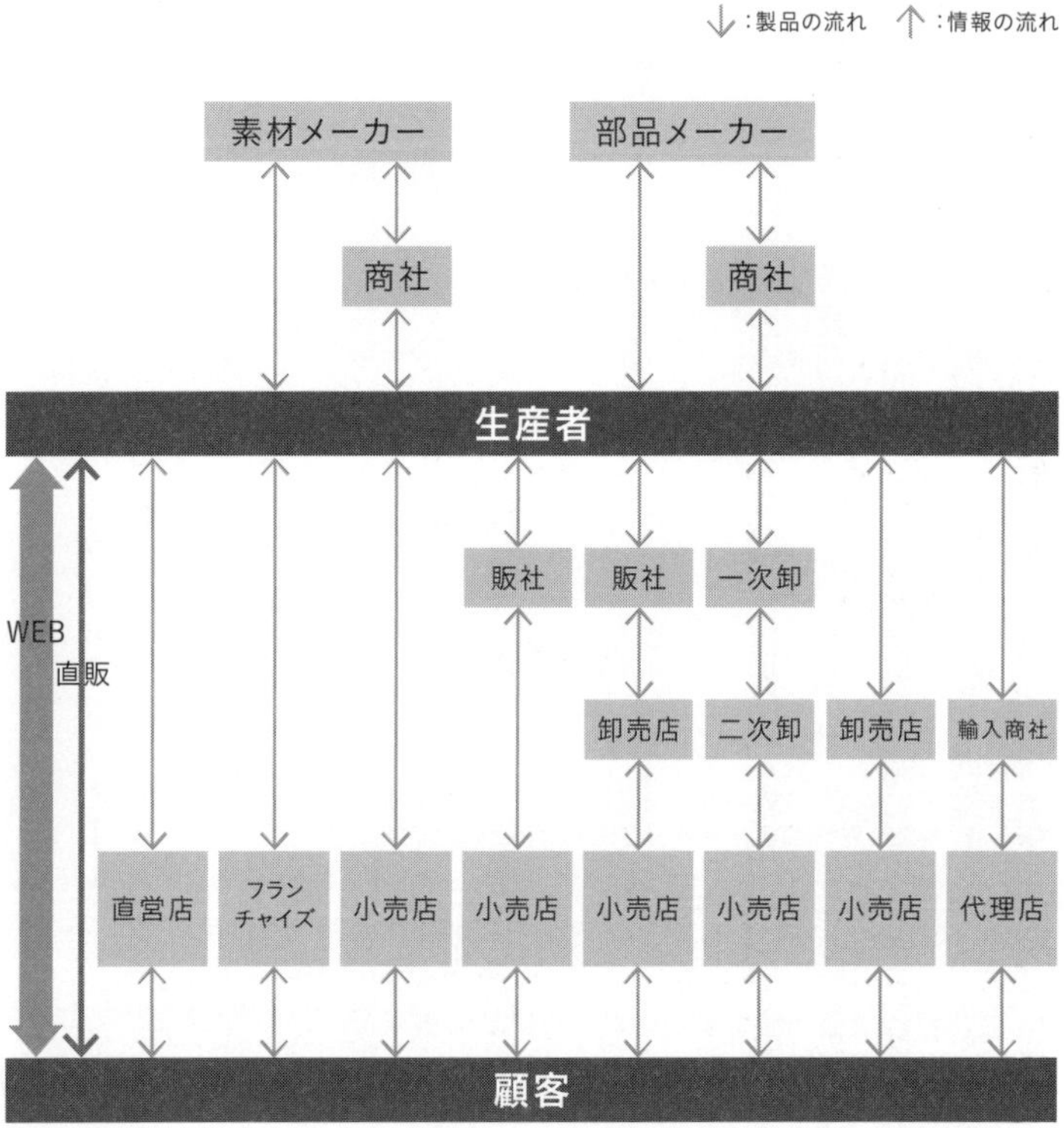

- 環境変化に対応したマイグレーションをプランニング
- 製品特性によって採用するパターンが異なる。一般に消費財は多段階、生産財は少段階の傾向が強い
- 情報は逆の流れをたどってメーカーへフィードバックされる

■流通業者を介さない場合（直販モデル）

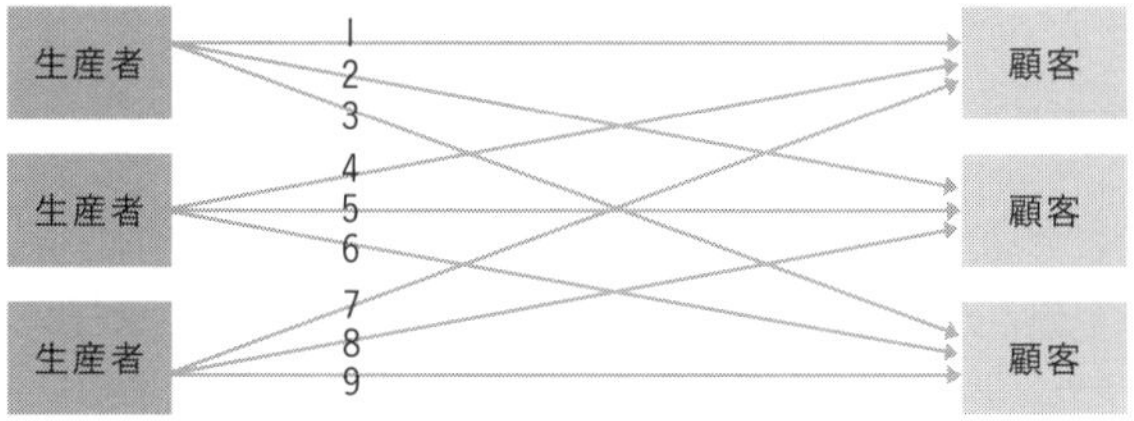

取引数＝9

■流通業者を介した場合（間接販売モデル）

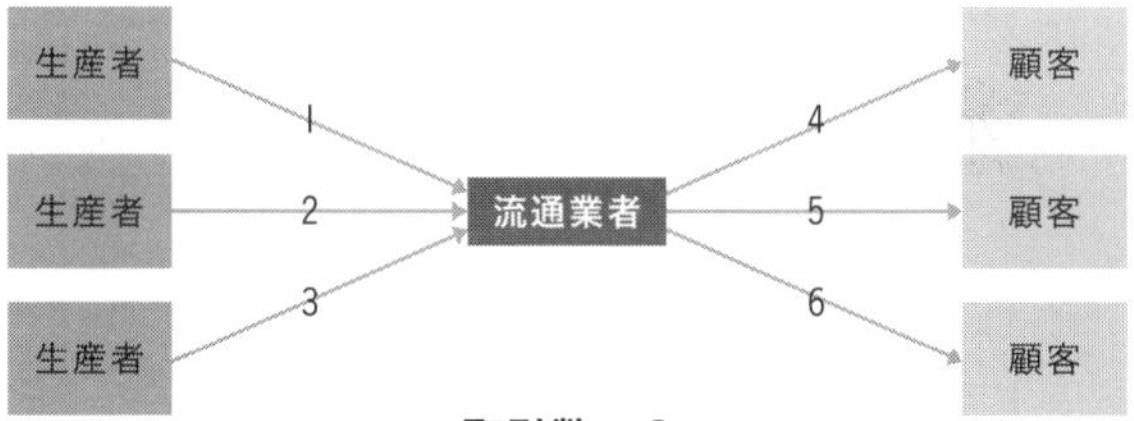

取引数＝6

図27　チャネル媒介者の数を決定するには3つの選択肢が存在

	①開放的流通	②選択的流通	③排他的流通
特徴	・できるだけ多くの店舗に在庫・販売してもらう	・開放と排他の中間 ・選択した中間業者との良い関係値を構築	・媒介業社数を少なく、慎重に選択 ・選択先にその地域での一手販売権を付与し、他製品の取り扱いを禁止
メリット	・最寄り品などを顧客の手にとってもらいやすくする	・媒介業社の平均以上の販売努力を期待 ・適度な流通管理と、比較的低コストでの市場カバレッジ獲得	・媒介者の販売努力を最大化 ・販売方法の管理によってブランドイメージの管理、高利益の確保
事例	・菓子 ・飲料	・ソフトウェア ・化粧品 ・家電製品	・自動車 ・服飾ブランド ・家電製品

やプライシングの管理が困難になる。

　チャネル媒介者の数を決定するには３つの選択肢が存在する。チャネル媒介者の数を管理して自社のブランドや価格を維持したい場合には排他流通を選択し、最寄り品などを大量に配荷したい場合は解放流通を選択する。選択的流通はその中間で、できるだけいいとこ取りを狙っている。

　アップルのように圧倒的なブランド力がある場合は、自社でアップルストアを管理下に置いて理想的なブランドコントロールをしつつ、家電量販店でも間接販売として売るという、直販・間接販売のハイブリッドのチャネル戦略を用いて高収益を確保している。これを垂直的マーケティングシステムという。垂直的マーケティングシステムは、所有・契約または他のチャネルメンバーを拘束するだけの力がある場合に成立する。

図28　垂直的マーケティング・システム(Vertical Marketing System)

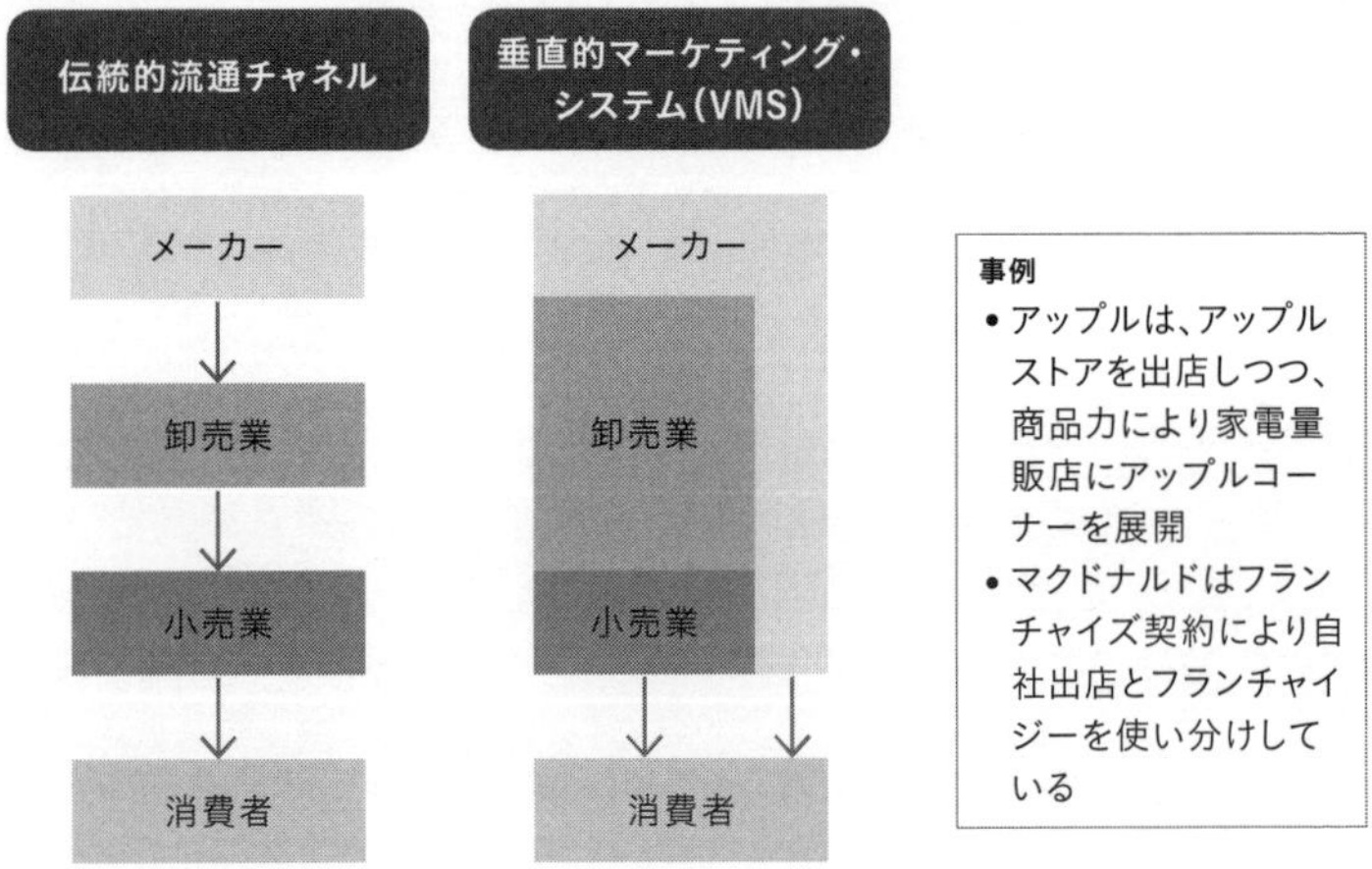

第11章

顧客価値創造プライシングを実行する（Cost to the Customer）

他のマーケティングミックスは簡単に変更し難く、コスト要因であるのに対し、プライシングは最も柔軟に対応策が打てる戦略であり、唯一利益を生む打ち手である。また、プライシングは自社ブランドが市場におけるポジションをどこに築こうと意図しているか、顧客や競合にシグナルを送るものでもある。

企業価格戦略には商品のライフサイクルに応じて新製品導入時と既存商品の環境対応に分けられる。新製品の価格を決定するには、自社のコストに希望利益を乗せて設定したいという企業側の願望と、顧客側が感じる価値から「顧客価値を生む」ために多少下回ることを望む価格とのせめぎ合いで、どこかに妥協点を見いだすことになる。

ここから、価格策定において重要な3つの戦略を述べる。

新製品導入時のプライシング戦略……顧客価値をつかむ

上澄み価格設定

企業が新製品を開発した場合には、ターゲットは少数になるが新製品の受容度と支払い性向の高いイノベーターや初期採用者を狙って初期価格を高く設定し、収益を「すくい取る」上澄み価格を設定することがある。インテルは敢えて短い新製品サイクルで新製品に上澄み価格戦略を採用して一定期間に大きな収益を上げつつ、旧製品は急速に陳腐化させながら浸透価格に誘導していく。競合が容易に同等の商品が上市できない場合にブランドが確立できて、顧客満足を得られれば利益率の高い商品になる。

浸透価格設定

市場シェアの素早い獲得を目指してマス顧客へ「市場浸透」する低価格戦略である。市場での差別化が困難な場合に、シェアの拡大による規模の経済や学習効果を見込んで採択する場合が多い。成功する要件としては、①市場が価格に敏感で、低価格で市場拡

図29　Cost to the Consumer（顧客が受容するコストポイントを引き上げる）

■価格における基本的構造

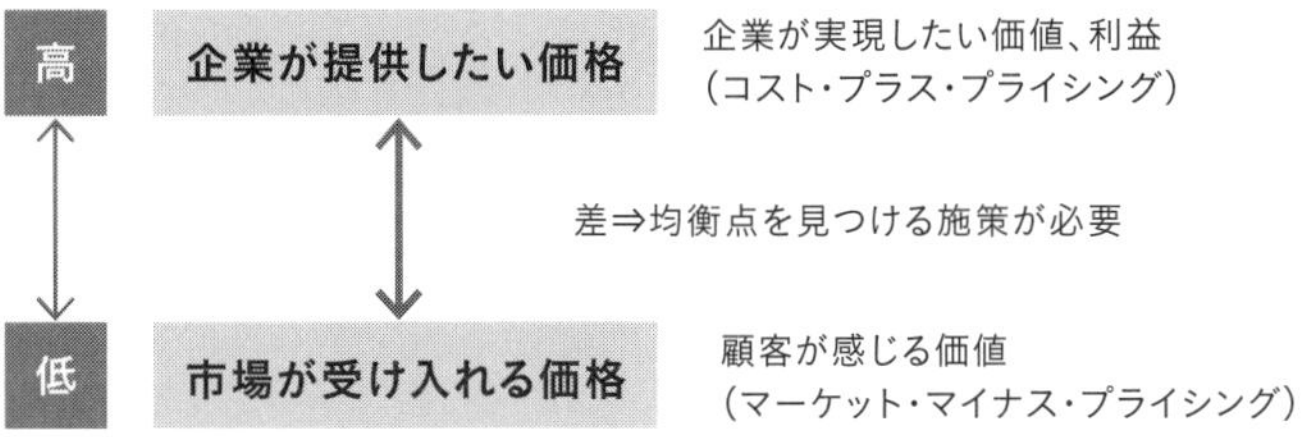

■価格設定の例

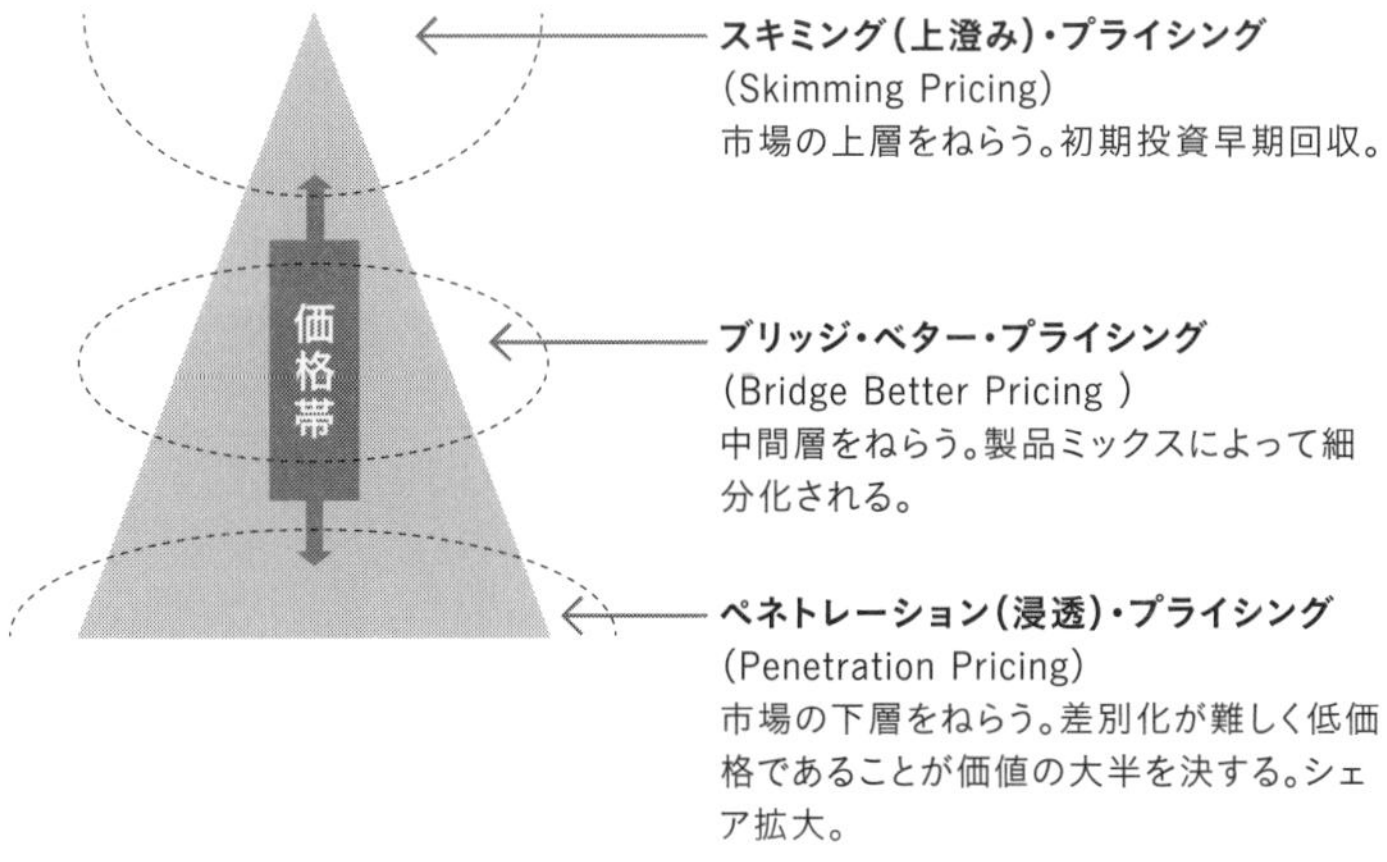

大が望めること。②単位商品あたりの生産、流通、マーケティングコストなどが販売量の増加によって大きく低下すること。この戦略で勝利する企業は圧倒的な地位を占められる、限定された数社である。

ブリッジ・ベター価格設定

中間層の多様なターゲットセグメンテーションのニーズに合わせて、単品でなく製品ミックスの組み合わせで狙う価格設定もあり得る。競争環境に大きな影響を受ける。

図30に製品ミックスがある場合の戦略をまとめた。**当該製品が製品ミックスの一部を構成している場合、全体の利益を最大化するように、それぞれの価格最適化を模索する。**[1] 特に関連製品やキャプティブ製品では付加価値の高いプライシングができる可能性が高い。また、製品とサービスをバンドルすることで競合と価格比較し難くすることも極めて有効である。

ただしバンドル化には第10章「価値を常に消費によって知覚させる」で述べたように消費させる工夫が必要だ。

(1)『マーケティング原理』(ダイヤモンド社)に事例を加筆

図30　製品ミックス価格設定

価格設定戦略	摘要
製品ライン	上・中・下のような製品ライン間で段階的な価格を設定。競合の価格帯によってすでに業界水準がある場合が多い（例：男性用スーツ、パソコン）
関連製品	アクセサリーなどの関連商品の価格は、標準品を中心にする場合組み入れるが、低価格を謳う場合外出しにして新たな収入源とする（低価格航空キャリアの食事）
キャプティブ製品（captive：束縛され逃げられない、内部消費用の）	主製品に付属している製品やサービスを売る価格設定。カミソリの刃、ゲームのソフトなどは主製品の価格を抑えて普及させ、キャプティブ製品で利益を上げる。サービスはディズニーランドの入場料の基本料金に加え、土産物売店、レストランで収益を上げる
副産物	主製品の副産物でできる商品。このマネタイズができれば主製品のコスト構造も改善される。日本酒メーカーの酒粕、製鉄所の水素
製品バンドル	いくつかの製品やサービスをまとめたセットを割引で提供する。劇場やスタジアム、スポーツクラブの年間チケットなど。マイクロソフトのオフィスをパッケージ化し、かつPCにプレインストールしてペインを無くす

出典：『コトラー＆ケラーのマーケティングマネジメント』フィリップ・コトラー、ケビン・レーン・ケラー（ピアソン・エデュケーション（株式界社ピアソン桐原））に事例を加筆

既存商品のプライシング戦略……心理的プライシングで顧客価値を創造

既存製品の価格調整戦略についてのまとめを見てみよう。調整価格戦略とは、顧客の種類や競合状況などの変化に応じて標準価格の調整を行うことであるが、この中でも特に注目すべきは「心理的価格設定戦略」である。

認知バイアス（Cognitive bias）をプライシングに活用する

複雑な問題を解決したり、不確実なことがらで何かを意思決定する場合に経験則に基づいて使用する簡便な方法をヒューリスティック（Heuristic：便宜的な手続き）という。日本語では簡便法、または目の子算だ。限られた時間内で能力を発揮する手続きであり正解に近い値を得られる場合もあるが、正解から大きく外れる場合もある。

ヒューリスティックの使用によって生まれている認識上の偏りがあるからで、その偏りを認知バイアス[2]と呼ぶ。認知バイアスを利用することで顧客がコストに痛みを感じにくくすることが可能だ。

（2）ダニエル・カーネマンとトヴェルスキーが主張し2002年ノーベル経済学賞を受賞した。
出典 『行動経済学 経済は「感情」で動いている』（光文社）

図31　既存製品の価格調整戦略

価格設定戦略	摘要
割引とアローワンス	代金の早期支払いや製品の販売促進などに報いるための値引き。値引きの条件として、現金払い、数量、機能（販売、保管、物流、記録など）、達成、季節対応など
差別型	顧客セグメント、製品、地域の違いによって価格を調整。映画館のデート用プレミアシートなど
心理的	心理的影響に対して価格を調整する。顧客は商品品質を判断する際の情報や能力を欠いており、判断基準は価格が大きな手がかりとなる。準拠価格（Reference Price）として基準を与えると購買行動が変わる。298円と300円では桁が違うと感じバーゲン価格に感じる
販売促進型	短期的な売上増のために一時的に値引きすること。企業が値引きを日常化すると刺激が薄れ、顧客は特売慣れしてもっと値引きしないと購入しない。優良顧客は離反し、ブランド価値は下落する
地理的	顧客の居住地域によって価格を調整すること。FOB価格(FrccOnBoard）輸送車に乗せた時点での価格付け。購入者が輸送費を支払う。または一律価格設定
国際的	国際市場に対する価格の調整

出典：『コトラー&ケラーのマーケティングマネジメント』フィリップ・コトラー、ケビン・レーン・ケラー（ピアソン・エデュケーション（株式界社ピアソン桐原））に事例を加筆

カーネマンらが主張した主なヒューリスティック例は３つある。

利用可能性ヒューリスティック（availability heuristic）

物事の起こる頻度や確率を推定する際に、利用可能性が高い（最近の事例、記憶に残って思い出しやすい）情報を基に意思決定するプロセスをいう。

適正な提示価格を「高い！」と言い張る購買担当は利用可能ヒューリスティックで、何らかの認知バイアスがかかっている場合がある。単に値下げを図っているのでないなら、具体的な根拠をヒアリングすべきである。また少数の法則*によって、一部のベンダーの一時期な特別価格に囚われている可能性もある。

＊少数の法則……少数のサンプルによる結果から一般的な傾向を引き出してしまう事。

代表性ヒューリスティック（representative heuristic）

特定のカテゴリーに典型的と思われる事項の確率を過大に評価しやすい意思決定プロセスをいう。例えば、自分の妻を日本人の典型的な中年女性として認識しているために、新製品開発会議中、「50代の女性はこんなもんは好きではない」と発言する部長は代表性ヒューリスティックで、認知バイアスがかかってる可能性が高い。部長の収入やライフスタイルが世の平均と異なることや、その製品のターゲットペルソナと異なることを統計的事実ベースで説明する必要がある。

係留と調整（anchoring and adjustment）……アンカリング効果

　最初に与えられた情報が印象に残ってその後の基準点（アンカー）となり、それに調整を加えることで判断するので、最初の情報を極端に重視しやすい意思決定プロセスをいう。

アンカリング効果を使う

　価格戦略上では、このアンカリングで「第一印象」の効果を利用する手法がある。最初に見た価格が基準値になるため、他の価格が安すぎると違和感を覚え、高すぎると特別なオケージョンの特別商品になる。特に相場がわからない商品に「定価」と銘打って価格を表示し、それが期間限定と書いて値下げしていると、特にお買い得に思える。

　景品表示法で二重価格は禁止されているので、実際に通常価格からの値下げであることが必要である。

カーネマンたちは実験対象者に「国連加盟国のうちアフリカの国々が占める割合」を尋ねた。その際、この質問の前にルーレット状の円盤を回し、出た目より少ないと思うか多いと思うか答えさせた。その後に問題の答えを回答させると最初のルーレットの値が10のときは回答の中央値が25であり、数値が65のときは回答の中央値は45であった。問題とまったく関係ない数字であっても回答に大きな影響を及ぼすという結果である。

まず店頭や商品の品揃えを提示する際に比較的高額な商品を見せて印象付けをし、その後に実際に相手を落とすためのターゲット価格帯を使い分けすることが有効であろう。

妥協効果を使う

アンカリング効果と極端の回避性を組み合わせると、意図した価格帯を妥協して選択してくれるという、妥協効果を生む。人は極端な選択を避ける傾向があるので、初めて経験する商品に対しては失敗を恐れて無難な中庸の選択をしがちである。

実際には3パターンの価格を設定した商品を出す場合を想定してみる。商品群の価格幅がA、Bの2つだけであるとBの低価格製品が選択される確率が増加する。そこでAの高価格製品を売りたければA、Bに加え、おとり商品として超高額の商品Sを出しアンカリングする。３つのうち、比較してＳとＡの価格は違うが、それぞれの効用値は大きく隔たりがないとわかるように設計する。ただし、Ｓのアンカリング価格は高すぎてはいけない。高額になりすぎると競合商品に目がいくことになったり、または低価格品Ｂの品質に疑いを持ったりする。

初めて入った著名なレストランで、最高額のセットメニューは選択しかねるものの、最低価格も「失敗したくない」と感じて結局中間の高級料理を選択した経験はないだろうか？　コンサルティングなどの、品質が標準化しにくく競合との質を比較しにくい業種ではアンカリングが働きやすく妥協効果が得やすい。

サービス全てを盛り込んだ総花的Ｓプランを提示した後に、標準的なＡプランと、手数を多くかけない前提のＢプランを提出する。実質的にはＡが上限価格でＢが下限価格である。エステティックサービスやレストランなどにも活用できる。また高級自動車やデジタル一眼カメラなどのようにいくつもの効用値がある機能があって、簡単に全体効用が判断できない商品にも有効だ。マニアはちょっとした効用値の高いＳに憧れて、結局Ａを購入してくれるし、とびきりのマニアはＳを選択するだろう。

価値の大きさは金額に比例しない。この現象は金額が２倍になると、価値は２倍にはならず、2倍弱（1・6倍ぐらい）に感じられるのは限界効用の逓減*であると説明することもできる。価格調査の専門家リー・コールドウェルによればS、A、Bの理想価格の指数はそれぞれ6：4：3である。[3]

＊限界効用の逓減……限界効用とは財の追加的一単位の消費による効用の増加分。喉が渇いているときの1杯目のビールは効用値が高い（満足度合いが高い）が、2杯目の効用は1杯目と異なる。これを限界効用逓減の法則という。

認知的不協和（cognitive dissonance）を使う

認知的不協和とは、人が矛盾する認知を同時に抱えたときに覚える不快感を表す社会心理学用語[4]である。人はこれを解消するために自身の認知を変化させることで逓減し、納得し、態度や行動を変更すると考えられている。逓減するには、①現実そのものを変えるか、考えを変える。②事実を無視、または軽視する。③へりくつや問題のすり替えを行う。

（3）『価格の心理学』（日本実業出版社）

（4）アメリカの心理学者レオン・フェスティンガー（Leon Festinger）によって提唱された。

プライシングはブランディングとポジショニングの大きな要素だ。気に入ったブランドが思いがけず大幅な値引きで売っていた場合には「お買い得！」と感じるだろう。しかし、それが幾度も続くと「このブランドか、特にこの商品は何か問題があるのでは？」と不安が募る。店ざらし品であるとか1シーズン前のものであるとか、何か安い理由を探し始めるが、それが発見できない場合は安いのに購買しなくなる。次第に「このブランドは落ち目なのだなあ」とブランド認識を変える。プライシングで認知的不協和を抱くと何らかの認知の調整が起こることを留意すべきである。

一度は購入を考えたが結局手が届かないために諦めたブランドに対して、人は「成金趣味でいやだ」とか「ムダな機能ばかり付いていて使いにくそう」などと、自分の認知的不協和を紛らわすようになる。これら認識の変化をマーケターは常に繊細に捉えなければならない。上記のような「購入しない理由」をそのまま真に受けてはならない。そう感じるに至った経緯までも分析する必要がある。

顧客は購入後評価でちょっとでも不安が生じた場合は自己の判断を正当化するために情報を検索する。新車のディーラーはその折に間髪入れずに購買後フォローをして「ご購入１ヶ月ですが、何かご不明な点はありませんか?」と接触してこの不安を解消してあげれば、認知的不協和は逓減されて安心し、後に良い口コミに繋げることができる。

プライシング変更戦略……常に価格戦争への対抗策を準備しておく

価格戦争での勝者は経験蓄積と規模の経済を甘受できてコストリーダーシップを取り得る、限られた企業だけである。勝者といっても勝負が一瞬でついて自社が疲弊しなければ良いが、競合も市場退場できない場合は徹底抗戦になる。一定期間業界全体の疲弊に繋がる。こうならないためにも価格戦争の想定とオプションを考慮しておく。価格を上げられる状況であれば良いが、反対に価格が泥沼のように下がっていく事態も想定しておくべきである。

歴史的に見て、ある挑戦的な企業が価格戦争の宣戦布告を発して競合企業がそれに反応し値下げに移行した場合には、次から次へと報復的に値下げが続いて最終的に業界全体の利益が大幅に低下することが多い。米国の航空業界では１９８１年にピープル・エクスプレス社による低価格キャリアが業界を震撼させ、ユナイテッド航空、デルタ航空など大手キャリアが対抗措置としてピープル・エクスプレス社の路線を狙い撃ちして運賃を下げた。ピープル・エクスプレス社はその後経営が悪化し買収されたが、90年代にはアメリカン航空やノースウエスト航空なども巻き込んだ全面価格戦争に発展した。結果として総輸送旅客数は伸張したが、大手各社とも巨額の損失を被った。エアラインの座席はそのコストのほとんどが固定費で、かつ在庫ができない。

その結果、エアラインは、変動費（一人の旅客が乗ることによる切符発行の費用、手荷物取り扱い費用、機内食、燃料費の増加分等）を超える値段で切符が売れれば、空席で飛ばすよりましだと考えてしまう。そこで貢献利益が多少でも増えるならと値下げに走りやすい。一見合理的に見えるが、これによって本来正規料金を得られる顧客のチケット料金も影響を受け、結局のところ儲けを失うことになる。

通信業界も固定費負担が大きい事業である。米国の長距離電話料金も１９９９年スプリントが夜間長距離電話の引き下げを発表し、その後ＭＣＩ、ＡＴ＆Ｔが追随したことで各社の株価は低下した。

日本でもソフトバンクＢＢがＡＤＳＬを使ったブロードバンドサービスで当時のＡＤＳＬ料金水準のほぼ半分に当たる月３０００円弱でサービスを開始。その結果として大手通信キャリアも価格対応する必要が出たため普及に弾みがついた。その後の２００４

年に開始した「Ｙａｈｏｏ！ ＢＢ 光」の料金は東西ＮＴＴから借りる光ファイバのコストを勘案してそれほどの低価格戦争には持ち込めなかったために、ＮＴＴも低価格で対応せず価格戦争はそれほど激しくなかった。

一方ソフトバンクは旧ボーダーフォンを２００６年に買収してモバイル参入を果たして以来、価格破壊を武器にユーザーを拡大してきた。他社が値下げすればもっと安い料金で対抗した。しかしながら、スマホが中心となってきた現在の携帯電話料金はソフトバンクが最低価格とは言いがたい。

２０１２年、毎秒最大１１０メガビット前後と高速・大容量が売り物のＬＴＥ方式は、ＮＴＴドコモが「Ｘｉ（クロッシィ）」のサービスで先行して携帯ブロードバンドでの価格戦争を仕掛けた。また通話料金ではＫＫＤＩのほうが低価格戦略をとった。最も恩恵を受けたのはユーザーである。

欧米企業から「チャイナ・プライス」と畏怖を込めて語られるように、中国市場での価格戦争はまた際だった意味を持つようだ。１９９５年までＩＢＭ、ＨＰ、コンパックといった米国企業に席捲されていた中国のパソコン市場では徹底的な価格戦争の末、１９９８年にはトップ５の順位が中国国内企業にひっくり返された。カラーテレビや携帯電話でも中国メーカーの価格戦争によって欧米のメーカーが苦戦を強いられている。

この理由は、中国メーカーが市場拡大基調のビジネスタイミングをうまく捉えて、トップダウンで大胆な価格戦略を採用する傾向があることや、価格攻勢で勝利することを崇拝するビジネス界の風潮があることが指摘されている。だがそれだけでなく、特にデジタル機器のように模倣が比較的容易で規模の経済が効きやすいビジネスにおける必勝パターンを学習していることが大きい。エンジン車から電気自動車への変化やモジュール化*の浸透によって、産業構造がデジタル機器に近づきつつある自動車産業も同じパターンを踏む可能性がある。失うものが少ない野心的な中堅企業は価格戦争を仕掛け続けるだろう。

＊モジュール化……工学などにおける設計上の概念で、システムを構成する要素となるものをいくつかの規格化した部品的機能を集め、まとまりのある機能を持った部品で全体構成すること。自社と系列企業で摺り合わせてつくり込む製造方式よりも、ＰＣに代表されるように標準規格に合った部品であればどの会社のモノを使用しても機能を発現できるため、大幅なコストダウンが実現しやすい。独フォルクスワーゲン社は開発期間と製造時間の短縮とコストダウンを目指し自動車のモジュール化を実現している。

図33に示すサイモンクーチャー&パートナース「Global Pricing Study 2012」レポートによれば、日本では91%の企業の業界が価格戦争を体験している。世界一の価格戦争勃発地帯である。しかも実際に75%の企業は応戦し、価格戦争の94%は競合企業から仕掛けられ、巻き込まれたと感じているのだ。

こうして業界を揺るがす価格戦争を仕掛けられた場合には、どのような戦略を選択すべきだろうか。

古くからのマーケティング教科書の王道の教えは「差別化による付加価値を創出して、自社は価格戦争に巻き込まれないようにする」ことである。果たしてそれは可能だろうか? それが可能であれば何よりであるが、不可避の場合はどうするべきか?

ここから価格戦争に関してなすべきことを述べる。

市場構造の見極め

価格戦争を仕掛ける意味がある市場は、商品に対する顧客の需要に価格弾力性が高い場合だ。企業は価格引き下げによる売上数量の増加によって利益を増加させることを期待しているからである。突出した競合がなく市場におけるポジションが未だ確立されていない場合には、ブランドスイッチが起きやすいので好都合だ。

図33　価格戦争の頻度についての国際比較

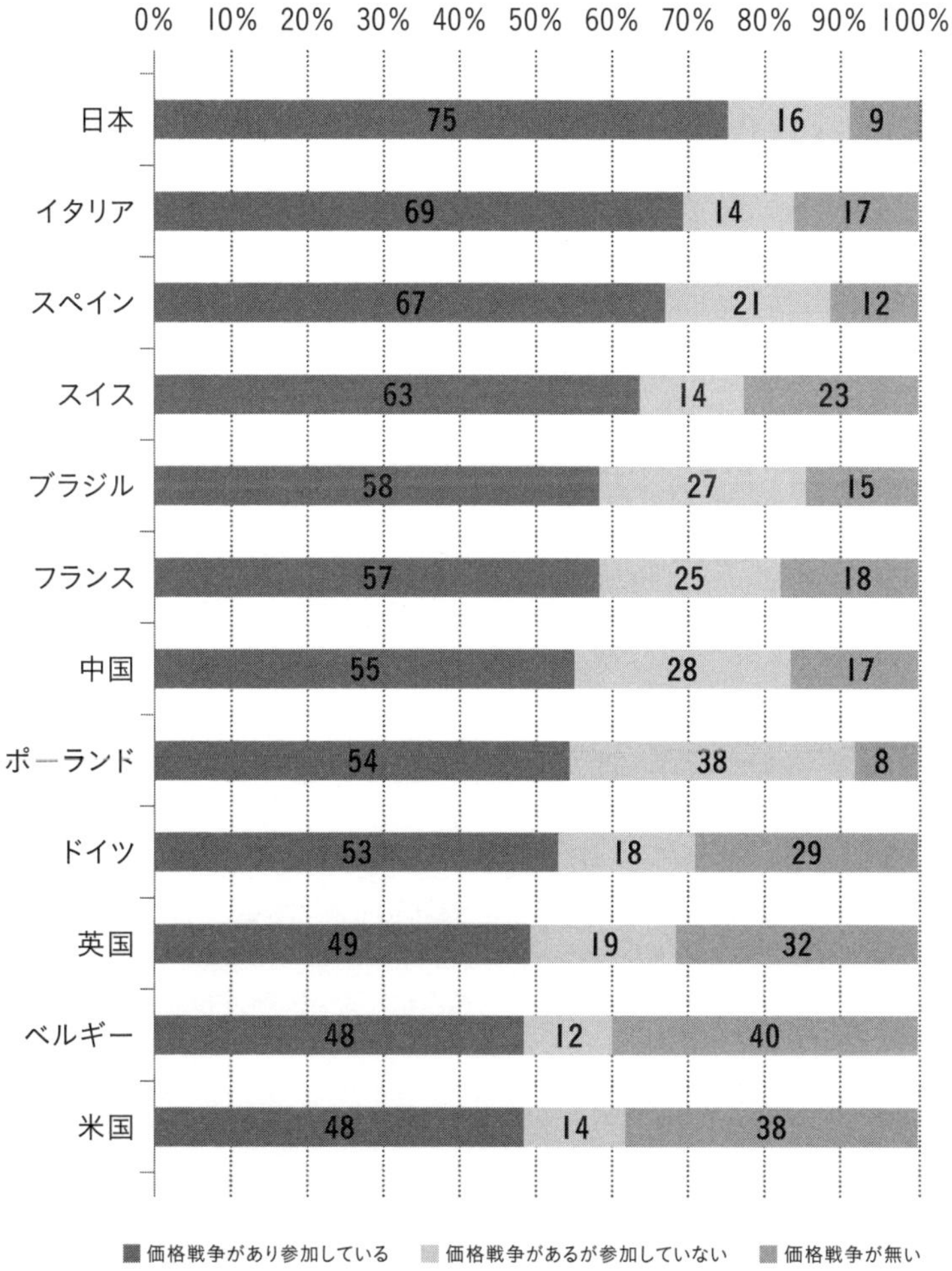

出典：『グローバルプライシングスタディ2012』サイモンクーチャー＆パートナース
日本、アジア、欧州、米国の製造業・サービス業3904社を対象に、2011年秋実施

価格戦争によってより利益を増加させるためには損益分岐となる売上数量増加率を計算し、その数量を超える目論見を立てることが一般的だ。

増分損益分岐分析

値下げによる必要な売上増分は、CM（貢献利益率）が40％で、もし△C（販売増加による単位あたり費用の削減率）が10％であったとすると、25％の価格引き下げの結果として90・5％である。つまり、販売を約191％にまで伸ばせる確信があるのならば損益分岐を超して儲かるのだから、価格戦争をやるべきという結果になる。競合がこうした調査、分析をした上で価格戦争を仕掛けて来るとしたら脅威である。

図34　増分損益分岐分析（式）

$$\Delta Q = \frac{\Delta P - (1 - CM) \times \Delta C}{CM - \Delta P + (1 - CM) \times \Delta C}$$

$$= \frac{\text{値引き率とコスト削減効果の和による実際の利益率悪化分}}{\text{新たに生まれる利益率分とコスト削減効果の和}}$$

ΔQ　損益分岐となる売上数量増加率
ΔP　価格引き下げ率
CM　貢献利益率（Contribution Margin 価格改定前）
ΔC　販売増加による限界費用削減率

出典：『スマート・プライシング』（朝日新聞出版）

市場が成長過程で利益率が高い産業で、かつコストアドバンテージのある、効率の良い経営をしている企業にとってこの戦略は最も有効だ。規模の経済性を生かすことができる。△Q（損益分岐となる売上数量増加率）が少なくて済むので決断のハードルが低い。この理由から中国企業で為替優遇を受けながら製造コストが低い場合、先進国の産業に価格戦争を仕掛ける可能性がある。

競合要件と時期の見極め

仕掛ける側の企業にとって、競合の経営効率のバラツキが大きくコスト構造が悪いと勝敗が早期につきやすいのでターゲットを絞って駆逐しにいける。その競合他社の組織が硬直的であったり、例えば本社が海外にあったりして現地の事情に疎く判断に時間がかかる場合や、本社がブランドビジネスでの成功パターンを厳格な戦略方針としている場合などは、価格戦争を仕掛けられた時に対応が後手に回ってシェアを失いやすい。これらの競合要件はビジネスチャンスである。ここに仕掛けていく側の企業は、これまでの経験とマーケットインテリジェンスを駆使して絶好のタイミングを計ることになる。

日本でもマクドナルドは1995年に、それまで210円だったハンバーガーの価格を40%オフに近い130円に変更し、業界に大きなショックを与えた。対抗上、これに追随して値下げをするファーストフードチェーンが続出し、価格戦争が起こった。

マクドナルドは事前に売上2000億円を超えて業界No.1の規模の経済を生かしつつ、世界規模での調達システムを駆使し、長期の為替予約をした上で仕掛けたのだからコスト優位性は明らかで、見事な価格戦略である。1997年には年商3000億円。2000年には平日半額の65円まで価格を下げ、売上4000億円を達成。これまで「デフレバーガー」の流行語を生み出すほどの圧倒的な売上と市場シェアを確保しデフレ時代の勝ち組になった。

その後2002年に円安によりハンバーガー価格を80円にしたり、これが不評で59円にしたりと価格戦略が迷走した。低価格に慣れてしまった顧客には値引きだけでは魅力に乏しく写り、マクドナルドブランドの毀損に繋がった。2013年現在ではハンバーガーの価格を120円に上げ、商品価値そのもののアピールに努めているが困難を極めている。ことほど左様に価格戦争をし続けるにはリスクに対する対応策が必要だ。

第12章

価格戦争に向けて想定し得る対策

平時・準備期間

戦う前に競合の気を挫くことができれば、無意味な消耗戦を回避できるかもしれない。つまり、相手が価格戦争を仕掛けてくる際の、２０４ページの式における△Ｑ（損益分岐となる売上数量増加率）を吊り上げ、高いハードルをつくることである。対策の王道は第7章「顧客を自社のファンにする」で述べたように、自社製品の差別化を徹底して顧客のロイヤルティを上げてブランドスイッチが起こりにくい状況をつくること。また、仕掛ける企業に隙を見せないためにはその可能性を事前に想定して準備を怠らないことだ。後述するが、価格関連のマーケットインテリジェンスを担い、戦略を取りまとめ、実行能力がある「価格戦略チーム」が設置されていると有効策が全社横断で齟齬なく、遅滞なく実行することができる。

対顧客

スイッチングコストを上げる。複数の商品やサービスをパッケージ化して提供することで、低価格の単品では代替できない状況をつくっておく。

顧客へのロイヤルティ・プログラムの提供で長期的な関係に意味があることを実感していただく。「自分（自社）の状況をよく理解してくれている」という情緒的な価値と将来に渡ってより良いサービスを提供する可能性を実感していただく。顧客のなかで、特にロイヤルティが高く顧客生涯価値が高いセグメントを特定しておくべきだ。このセグメントが価格攻勢で剥落率が高まったら、経営へのワーニングランプを点滅させる。

顧客価値創造プライシングによってきめ細かい顧客別の対応をしておき、各種のディスカウントプログラムを勘案すると、良い取引であることを納得しておいていただく。値下げ合戦は一時期恩恵を被るとしても、その参入者が圧倒的なシェアを得、我々が撤退した場合に長期的には選択肢がなくなって、サービスや商品レベルが向上しにくくなることを刷り込んでおく。

対競合

自社の戦力上のポジショニングや能力を周囲に開示する。「エブリデイ・ロープライス」を謳い、十分にコスト競争力があることを明示しておく。
または「価格で戦うのではなく、サービスで対応します」などのように差別化ができていることを明らかにしておく。
「やられたら、徹底的に闘う意思と能力があること」を競合に宣言し牽制しておく。

競合の△C（販売増加による限界費用削減率）を概数でも良いので把握しておく。まったくの新規参入者でない限りマーケットインテリジェンスの一部として継続的に追う。

対チャネル、コラボレーター（ベンダー、補完的サービス提供者）

意思疎通を図り、もし価格戦争に陥ったときは業界全体が疲弊することをアピールしておく。その際の協力体制を構築する。

自社内

競合の値下げに対する戦略オプションを決めておき、冷静に対応できるようにしておく。コスト構造の効率化に努め反撃原資を保つ。

価格戦争開始時

状況を正確に把握することがまず第一だ。５Ｃ（統制者、顧客、チャネル、競合、協業者）の情報収集と分析が必要だが、特に重要な項目を挙げよう。

競合の価格ニュースが現場から挙がった場合には営業がパニックに陥っているけれど地域的、突発的な事件かもしれない。市場からの情報収集は期限を短く設定して営業にヒアリングさせる。簡易な顧客アンケートを準備しておいて直ぐに実行することもお勧めである。その際に、簡易版でも良いので顧客向けにコンジョイント分析を行い、価格を含む部分効用値を把握する。そして自社のブランドやサービス、機能の優位性が金銭換算でどの程度顧客に評価されているかを把握することで、競合価格にいくらまでなら上乗せしても勝てるか判断するのだ。

顧客分析

競合の新価格にスイッチしそうな顧客の率はどのくらいか？ 特に自社の重要セグメントの顧客はどうか？ 重点顧客の重み付けをしてダメージを算定する。簡単にスイッチしてしまう顧客は、目先のインセンティブで態度変容する、自社にとって顧客生涯価値が低い可能性が高い。そのセグメントの顧客は後に好条件を出すと簡単に戻ってくる可能性もある。深追いして対抗条件を出すと本当のロイヤル顧客から得られたはずの利益が損失する。ロイヤル顧客の剥落率を注意深く追う。

競合分析

仕掛けてきた企業は単なる思いつきの反逆者か、実力あるプレーヤーか？ ……いたずらに最安値のプレーヤーの最安価格に惑わされないことだ。パニックに陥ると自らが全面戦争の引き金を引くことになる。

その競合がこの戦争を遂行し続けるだけの能力があるかどうか？ 競合の△C（販売増加による限界費用削減率）を概数でも良いので把握する必要がある。もし能力と意思が確認できたら、長期に渡る戦いに競合経営陣のコミットメントがあるかどうかを想定しよう。

拙速にこちらも全面戦争に突入しないことだ。彼らは全面戦争を望んでいそうなのか、地域限定、特定顧客限定なのか？ その見極めが重要だ。

自社分析

価格を下げて利益を減少させるポイントと、現行価格を保持したままで、どの程度までシェアを落とすと同等になるかをシミュレーションする。往々にしてシェアを数ポイント落とすほうが利益額は確保できる場合がある。

対顧客対応策

ロイヤル顧客に低価格製品を採用した場合に起こり得るリスク、性能面のリスクや、スイッチングコストが高まる可能性を説く。我々がこの地域やセグメントから撤退した場合のリスクをもう一度説得する。

対競合対応策

A▼限定的対応

競合が市場テストをしていて対象地域や顧客セグメントが限定的対応ならば、△Q（損益分岐となる売上数量増加率）の目標を達成させないことが肝要である。全面戦争に発展しないように、徹底的に撃退しシグナルを送る。

B▼全面戦争志向

競合が全面戦争志向ならば、前線で徹底的に戦うか？紛争を回避するか？あるいは撤退するか？である。

B―I▼徹底的に戦う場合

独占禁止法に抵触することを避けることは当然である。その前提で徹底的に戦う場合でも全面戦争に入る前に市場（顧客、中間業者）にメッセージを送る。競合に「体力勝負で決着がつくまで戦い疲弊するようなことは止めよう」というシグナルを出すことでお互いに手打ちをする場合もある。

手打ちの兆しが無ければ対抗的プライシングを実行する。ロイヤル顧客対象のコンジョイント分析から得られた結果を基に、付加価値を稼ぎつつ勝てる価格を決定する。ロイヤル顧客以外でも価格感度よりも品質感度が異なるセグメントが存在するので、そこを攻める。早期にファイティング・ブランドを対抗として投入する。ブランドを変えることで現行商品のプレミアム分と顧客のロイヤルティを守り、商品のスペックをそぎ落として「低価格にした」理由を説明できるようにする。

B―2▼紛争を回避する場合

対象商品の差別化を継続する。顧客ヒアリング、アンケートを通して浮かび上がってきたロイヤル顧客の価格以外の施策希望を仕分けして短期、中長期で実行できる策をまとめる。ＲＯＩ（投資収益性）を勘案することはいうまでもない。３Ｍやデュポンはイノベーションによる新製品を追求する戦略をとっているため、シェアが減退することを受け入れ価格戦争に参加しない。

B―3▼撤退する場合

競合のコスト優位性が高く、かつ経営陣の徹底戦争への意志が強固である場合にはこれが最後の選択肢である。全面撤退か、地域や顧客セグメントで対競合優位がないところから撤退する部分撤退かを勘案する。

先制攻撃

最後の手段として、もし以下に述べる条件が整っているのなら、「攻撃は最大の防御」とばかりにこちらから仕掛けることもできる。しかし、これらの条件が十分揃うことは稀である。一度踏み出し大きく下がった価格は一朝一夕に戻らないことを覚悟しておくべきだ。

マクロ環境

▼対象地域政府の過剰な関与がない

ターゲット市場環境

▼成長過程で利益率の高い産業である
▼顧客の需要に価格弾力性がある
▼ブランドスイッチが起きやすい

競合環境

▼突出した競合がなく市場におけるポジションが未だ確立されていないので、コスト構造の弱い、簡単に市場撤退しそうなターゲット競合がある
▼戦う競合は戦略判断に時間がかかり行動が遅い
▼戦う競合は本社のポリシーに縛られていて柔軟な対応ができない

自社

▼対競合でコストアドバンテージのある、効率の良い経営をしている
▼増分損益分岐分析の結果、増加販売数量が確保できる目算がある
▼何よりも長期に闘いをやり抜くトップマネージメントの強い意志がある

他のもうけ口を活用して無料にする……フリー戦略

「無料経済」といわれるビジネスモデルがしばしば取り上げられている。無論「ただ飯」は存在しないのであって、何らかの方法で商品、特にサービスを無料で供するが、最終的には誰かがお金を支払うことになる。規模が最大のフリー戦略は広告モデルだ。グーグルの２０１２年単独売上は＄３７９億ドル。邦貨にして１ドル１００円換算なら３・７兆円を超すが、その約95％は広告収入である。単体の純利益は１３８億ドル、邦貨換算１・３兆円以上という超優良ビジネスだ。

広告モデルは「市場の二面性」といわれ、2種類の顧客を持つという特徴がある。つまり無料でグーグルの検索エンジンやGメールなどを利用する顧客と、そのサービスを成立させるために広告費を支払う顧客である。広告収入は5億人以上のグーグルのユーザーが検索エンジンを無料で使用する換わりにウェブサイトでグーグルの広告サーバーから配信された広告を見たり、広告主のウェブに誘導されたりすることによって得られている。その広告は万人向けではなくてこれまで検索をしたキーワードや訪れたサイトの履歴から割り出されたユーザーの嗜好、興味に合わせ最適化されたものだ。広告主としてのマーケターからすれば願ってもないマッチングが得られるためにこのターゲット広告はウェブマーケティングに欠かせないものになっている。

また、インターネット上の新聞などのように95%の顧客にはフリーで基本的なサービス使用してもらい、一段上のサービスに誘導して5%のプレミアム会員のみ課金するモデルもある。フリーサンプルで商品を味わっていただき本製品の購買を促すモデルは旧来からのフリー戦略である。

第13章 B2B事業における価格戦略

B2Bで価格戦略を策定するために消費者向けと異なるポイントを挙げてみよう。

顧客セグメントのニーズに合わせて価格を変える

高いスイッチングコスト、高い心理コストの顧客狙い

素材のベンダーはいくらでもいると思われがちだが、現実には実際に工場のラインに投入してみると、スペックにも現れないような微妙な技術の差でラインが同等の効率で流れないなどのリスクがスイッチングコストになる。素材コストの差が、その杞憂を超

えないようにプライシングするべきであろう。後述するが、コンジョイント分析を活用すると価格以外の顧客のちょっとした効用が、コスト換算でどの程度プレミアムが取れるかを算出できる。ここを狙うべきだ。私のクライアントで情報システム構築をする大手ＳＩｅｒのプロジェクトで、金融関連の顧客にコンジョイント調査と分析をしたことがある。常にコスト削減の圧力をかけてくる彼らであったが、最も気にかけていた主要購買要因は、客先で情報システムの概念設計と要件定義にかかわるシステムエンジニア人材の質と、彼らの業務理解度であった。そのスペックに合った人材を投下できれば、標準人月単価だけの不毛な予算策定に陥らない価格交渉ができるのである。

自社製品の顧客コストへのインパクトが小さい案件を狙う

この場合には、相手購買者にとっても値引き交渉をして得るものが小さいので短期決着することが多い。こちらの商談の設計次第で有利な条件を引き出せる可能性がある。

価格相場への情報感度の低い顧客狙い

時として価格相場への情報に疎い担当が配属される場合がある。相手の相場観をヒアリングによって学習しよう。しかしながら、やり過ぎて顧客と持続性のある関係値を構築できないと一過性の利益に終わる。お互いに学習し合う関係を提案できるのではないか。

緊急・特注発注などの特殊な顧客価値を狙う

緊急発注、特注を頻発する企業にはなにか業務上の欠点がある場合が多い。これは受ける側からすると大変な顧客なので受け手も限定される。この場合は発注者とウィンウィンにすることができるので顧客価値創造プライシングのターゲットとすべきである。

セグメント毎のポケット・プライスの最低価格を決定し、実行する

後述するが、ポケットプライシングの分析とポリシー作成によって、儲かるターゲットのみに絞り込んだ営業活動に見直す。最低価格の遵守を徹底させるための営業の業績評価システムを導入する必要がある。

受給の逼迫時などにボリューム・ディスカウントの幅を削る

困った時はお互い様なので、顧客が必要であれば受給の逼迫時に対応するのは当然である。しかし、その場合には通常の様々なディスカウント項目を撤廃するか削減する交渉をすべきである。また平時に「良いお客さま」に在庫切れが起きない商品配荷手配を

するのはターゲティングの観点からも当然であろう。

製品ミックスの価格差を広げて利益幅の大きい商品誘導

194ページ「妥協効果を使う」で解説したように、B2Bの場合でもアンカリング効果と極端の回避性を組み合わせると、意図した価格帯を妥協して選択してくれる、妥協効果を生む。これによって利幅の大きい商品に誘導する。

PART

4

顧客価値創造プライシングを組織化する

良い顧客

×

顧客にとっての価値：

×

痛み（ペイン）：下げ

＝

顧客満足

＋

利益

第14章 体系的な分析手法を組織化する

この章では顧客価値創造プライシングを実行するために、組織として身につけておくべき基本的な調査と分析手法について解説する。

調査分析の基礎を押さえる

情報には対象を直接調査した1次情報と、何らかの間接的な手法で得た、バイアスが含まれている可能性を否定し得ない2次情報がある。自社製品のユーザーに直接話を聞いたりアンケートを採れば1次情報であるが、小売店のバイヤーに最近の消費者の傾向を尋ねた情報は2次情報である。通常企業には多くの2次情報があるので、そこから顧客の変化や競合、チャネルの変化を見つける。そこから出てきた仮説の精度を上げるた

図1　情報収集の方法と市場調査

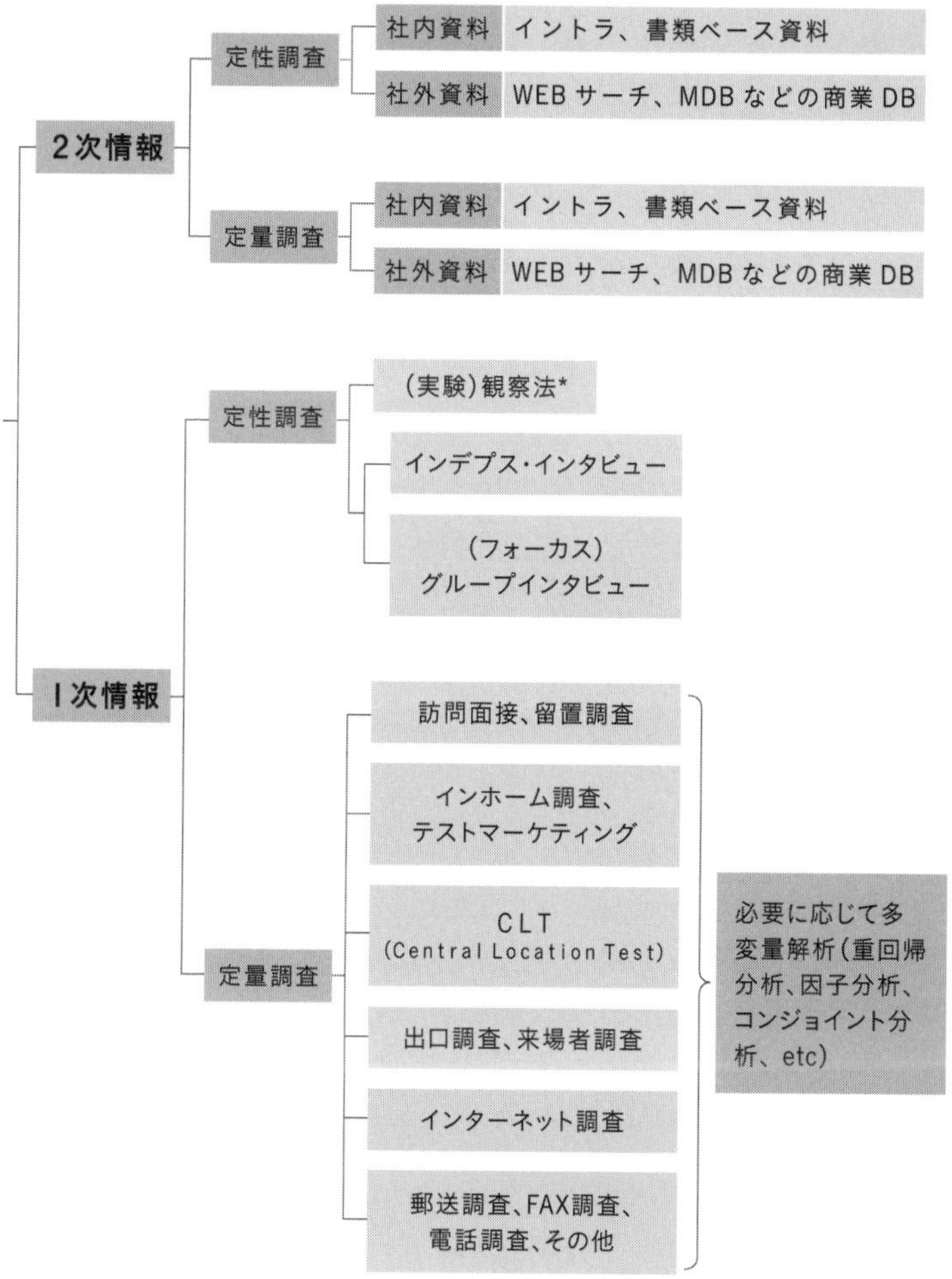

* エスノグラフィー（文化人類学や社会学において異民族を理解するために用いられている手法やその調査書）の参与観察や、ソーシャルリスニング、fMRI（機能的磁気共鳴撮像法）や脳波計測を使ったニューロマーケティングの手法もある

めに行うのが定性調査である。最近では文化人類学や社会学において異民族を理解するために用いられている「エスノグラフィー」と呼ばれる手法を用いて消費者の理解を深める企業が増えている。

Ｐ＆Ｇは「リヴィングイット」という名称でシニアマネージャーですら新興国の家に2週間寝泊まりして参与観察を実践しているのだ。また、被験者に一対一でインタビューをして深層心理に迫ろうとするデプス・インタビューも有効である。グループインタビューは比較的安価で手早く定性調査が行える手法として長年活用されてきた。しかし最近では、モデレーターがよほど優秀で自社ブランドの状況を理解していないと、グループインタビューで対象者の本音を聞き出すことが困難であるため、敬遠する企業も出てきている。

これらの既存の定量調査結果や、定性的な調査から得られたインサイトを元にしてつくった仮説を検証するために新たに定量調査が行われる。昔は留め置き調査も数多かったがコストと時間がかかりすぎて、国勢調査などを除くとウェブでの調査が一般的になった。調査手法にはこれ以上は踏み込まないが、必要であれば専門書を手にすることをお勧めする。また、多変量解析の知識が今後のマーケターには必須になってくる。統計学の入門書程度は目を通して理解を深めておいて欲しい。

ソーシャル・リスニングを始めるべき

市場調査の新しい流れとして、ソーシャルメディア上の生活者のＶＯＣ（Voice Of Customer）をリアルタイムで収拾し、トレンド分析をすることで自社のブランドや新製品、新テレビコマーシャルやキャンペーンに対しての評価や生活者の嗜好変化を判断する、ソーシャル・リスニングといわれる手法が導入され始めている。これもビッグデータ*の解析に繋がっていく。これまでの問題はデータ容量が大きすぎ、かつ、役に立たないノイズが混在していることである。しかし、意味のある情報の解析をするデータマイニングのツールや、使いこなそうとするユーザーが出てきた。お膳立ては少しずつ整ってきている。

＊ビッグデータ3つの要件……①数百テラバイト（ＴＢ）とも、ペタバイト（1024Ｔ Ｂ）ともいわれている大量のデータを扱うこと。②データの多様性に対応すること。これまでのリレーショナル・データベースに収まる構造化されたデータだけでなく、イメージやビデオ

など非構造データをも扱う。③データをリアルタイムで扱う。

だから、問題はやるかやらないか？ではなくて、「いつから」「どうやって」やるかである。当然「今から」やるべきだ。「どうやって」との答えは、まず本当のビッグデータではなく、バッチ処理の数テラレベルの非構造データを使って、顧客の声を解析し、「聞いてみること」から始めるべきだろう。その際に必須の要件は、分析のできるマーケターかマーケティング・マインドを持ったアナリスト（データ・サイエンティスト）の採用、育成である。人材要件は、ソーシャル・メディアへの理解に加え、生活者の購買行動や心理の理解力が重要である。加えてＩＴ技術ノウハウも必要であることを鑑みると、これらスペシャリストのチームを編成することが必要だろう。

そのような専門部隊の育成に手間暇をかけられないので、丸投げで外部委託を考える企業も多いかと思う。しかし、このナレッジとスキルは今後企業の雌雄を決するための知的財産となる可能性が高い。ぜひともその統合管理機能は自社で保持すべきではないか。

おおまかな勘所を押さえる（プロフィットツリー分析）

プロフィットツリー分析はＭＥＣＥ（Mutually Exclusive Collectively Exhaustive：漏れなくダブりなく）に事業や商品の利益改善のための打ち手の可能性を理論的に分解、実証するために使用する。次ページ図２に示す。このうち「価格を上げられるか？」という可能性をいくつかの分岐に沿って検討すると、顧客へのコスト以外に顧客ターゲットや地域を変えて価値を上げることや、提供物そのものを新たにデザインする可能性などが見えてくる。これらはＰＡＲＴ２、３で述べてきた通りである。

ここからは顧客価値創造プライシングをするために必要な分析手法を解説しよう。ヘルマン・サイモン[1]、ロバート・ドーラン[2]の研究によれば、価格反応調査で有効性を高く認められているのはコンジョイント分析である。次いで新製品で新規性が高いため、その全体効用が一般消費者にわかりにくい場合は専門家の意見、判断を重視している。

価格実験や過去のデータ解析も有効としているが、顧客調査の直接サーベイ法には疑

（１）独のマーケティングを専門とするコンサルティング会社　サイモン・クーチャー＆パートナーズの設立者
（２）ハーバードビジネススクール教授

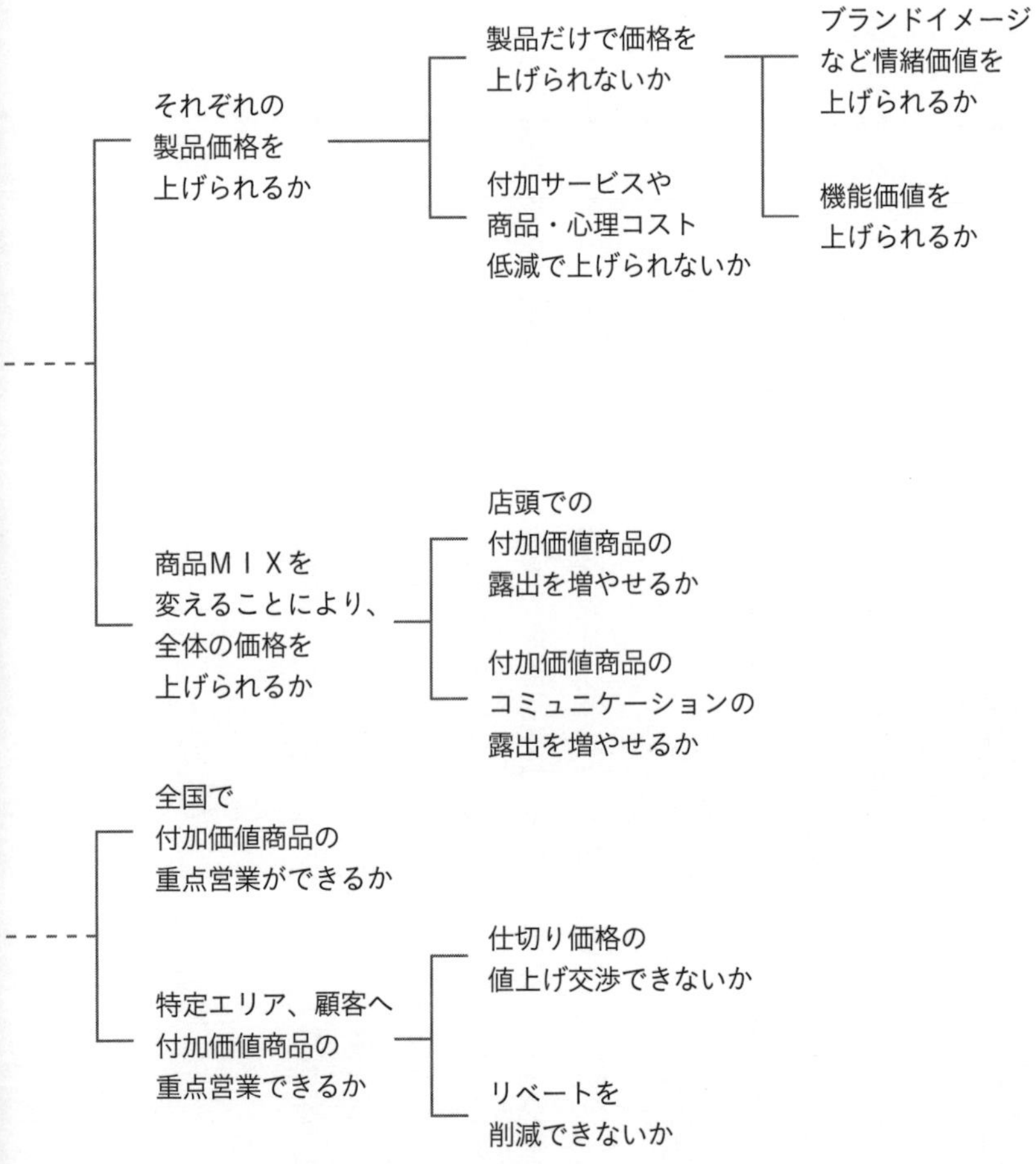
それぞれの製品価格を上げられるか
製品だけで価格を上げられないか
ブランドイメージなど情緒価値を上げられるか
機能価値を上げられるか
付加サービスや商品・心理コスト低減で上げられないか
商品ＭＩＸを変えることにより、全体の価格を上げられるか
店頭での付加価値商品の露出を増やせるか
付加価値商品のコミュニケーションの露出を増やせるか
全国で付加価値商品の重点営業ができるか
特定エリア、顧客へ付加価値商品の重点営業できるか
仕切り価格の値上げ交渉できないか
リベートを削減できないか

図2　プロフィット・ツリー分析

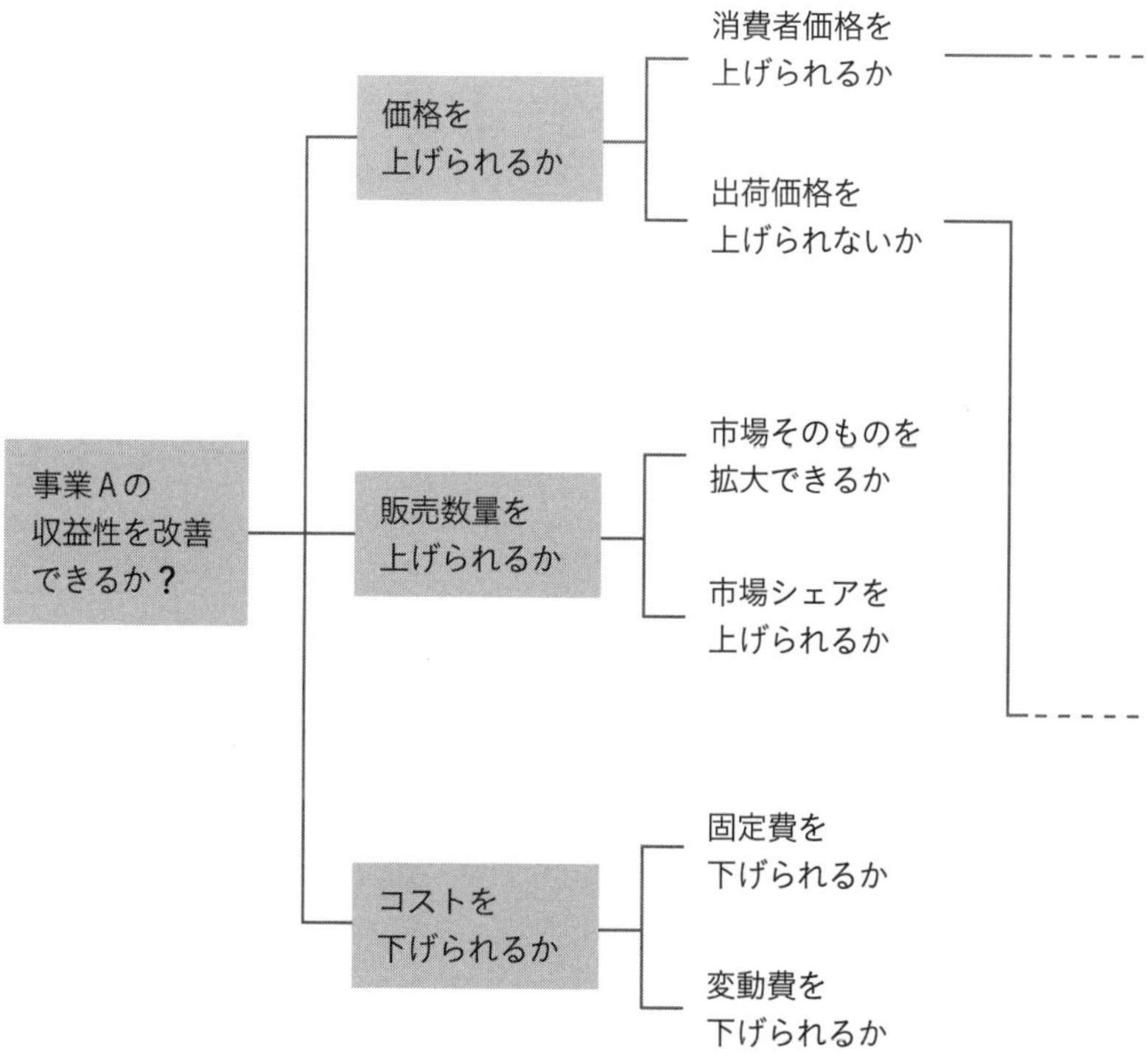

問を呈する。これは「あなたはこの商品が1000円だったら買いますか?」という質問に「絶対買う」から「絶対に買わない」までの5段階か7段階かの尺度で聞いてみるものだ。この手法は分析も単純でわかりやすく、安価なことがメリットである。

しかし顧客に直接価格に関して質問すると見栄をはったり、反対に安く答えると実際の価格が安くなるもしれないと考えて低めに回答する可能性を否定できない。マンションの売り出し価格は、今でもこの手法で見込み顧客に金額を聞いている。実際には顧客は商品の属性と価格とを天秤にかけて最適価格を計るが、この手法だと価格のみに意識が集中するので正確性を欠く。

これらの問題点を克服すべく、PSM分析(後述)が考案された。一般に直接サーベイ法は消費

図3　価格反応調査の評価*

	1. 専門家の判断	顧客サーベイ		4. 価格実験	5. 市場の歴史的データ
		2. 直接法	3. コンジョイント分析		
妥当性	△	×	△〜○	×〜△	○
信頼性	△〜○	不確定	△〜○	○	×
コスト	◎	◎	△	×〜△	? 入手可能性に依存
新製品への適応	○	○	○	○	×
既存製品への適応	○	○	○	○	○
全般的評価	**新製品や新たな状況に有効**	**有効性に疑問**	**非常に有効**	**有効**	**既存商品には有効**

*　『価格戦略論』　ヘルマン・サイモン、ロバート・ドーラン(ダイヤモンド社)　P95 参照し改変

財よりも産業財のほうが適用しやすい。

マーケティングミックスのバランスを調整する（コンジョイント分析）

コンジョイント分析の具体的な手法を解説しよう。まず商品の属性と水準を組み合わせた複雑な組み合わせ条件のカードで好きな方を被験者に複数回選んでいただく。その結果を統計解析することにより、選んだ人が製品・サービスを選ぶ際の、購買主要因（ＫＢＦ：Key Buying Factor）を数値化することができる。この分析によって、通常であれば数値化が困難な、顧客にとってのブランドの価値も支払い可能性のある金額として数値化することができる。対象のセグメントによって商品設計の際に優先すべき属性と水準も決定しやすくなる。

コンジョイント分析はＢ２Ｃマーケティングでよく使われる手法であるが、Ｂ２Ｂマーケティングでも同等に使うことができる。事例としてここに筆者が実際にある企業で行った分析の事例を見てみよう。

この企業は大手の機械メーカーで、低廉な海外ブランドから攻勢を受け、新たな価格設定と新たなサービス追加の可能性を探っていた。そこで営業部員が図4に示すテーブルから生成されたコンジョイントカード9種類を持参して、顧客企業の購買意思決定者に対して実査をしてもらった。50人を超える調査をしたが、対象者の多くは機械部品加工業を営む中小企業のオーナーとその跡継ぎ息子であった。

実際の結果の一例をお見せしよう。若手経営者X氏の回答をコンジョイント分析した結果は図5の通りだった。

これは顧客X氏の3つのブランドに対する効用値がポイントの大きさで表示されている。

ここでわかることは、

①▼A＞C＞Bという順でブランドの価値を感じていること。

②▼AとBの間には約0・66の効用値の差があること。

次に、同じ尺度でブランドの効用値と価格の効用値が出たので、

図4　テーブル

属性	水準		
ブランド	A社（クライアント）	B社　海外企業	C社　日本企業
加工段取り	（これまでより）早い	これまでと同等	
サービス対応	（これまでより）早い	これまでと同等	
価格	4500万円	4300万円	4000万円

コンジョイントカード（選択肢）の例：

カード1		カード2
ブランドA	V.S.	**ブランドB**
加工段取り　（これまでより）早い サービス対応　これまでと同等 価格4500万円		加工段取り　（これまでより）遅い サービス対応　（これまでより）早い 価格4300万円

図5　若手経営者X氏の回答をコンジョイント分析した結果

ブランド 7.14	A社 .3333（.4006）	B社 -.3333（.4006）	C社 .0000（.4006）
加工段取り 26.79	（これまでより）早い 1.2500（.3005）	これまでと同等 -1.2500（.3005）	
サービス対応 48.21	（これまでより）早い 2.2500（.3005）	これまでと同等 -2.2500（.3005）	
価格 17.86	4500万円 .8333（.3469）	4300万円 1.6667（.6939）	4000万円 2.5000（1.0408）

③▼価格は4000万円と4300万円と4500万円の間にそれぞれ約0・83の差を感じていること。したがって、500万円の差 ≒ 1・66ポイントの差といえる。

④▼顧客X氏はブランドAとBの間に、500万円 ÷ 1・66 × 0・66 = 約200万円の価値の差を感じている。（500万円 ÷ 1・66で、効用値1ポイントあたりの金額を計算）

この結果から、次のことがわかる。

⑤▼顧客X氏にとっては、Aのブランド価値がBよりも200万円格差があるので、ブランドBとしてももし「加工段取」「サービス」がAと同じ製品を扱っているのであれば、200万円以上安くしないと顧客X氏は購入してくれないという分析ができる。

全体効用のうち、「サービス対応」が48・21と最も高く、X氏の攻略のためにはここを強調すべきことがわかる。

この50余名の各効用の平均値は次のようであった。

価格の効用値の平均

価格が高いほど効用値は下がる。価格の５００万円÷１・95の差なので、１ポイントが約２５６万円である。

ブランドの効用値の平均

Ａ＞Ｃ＞Ｂの順番で効用を感じている。ＡとＢの差は約１・３なので、価格の５００万円÷１・95より、この集団の平均的な顧客は、ＡとＢの差に約３００万円の価値があると感じている。Ｘ氏は若手経営者であるが、若手経営者の平均値は全体平均値よりもＡ社ブランドへの効用値が約１００万円低かった。これは営業部員の肌感覚か

図6　価格の効用値

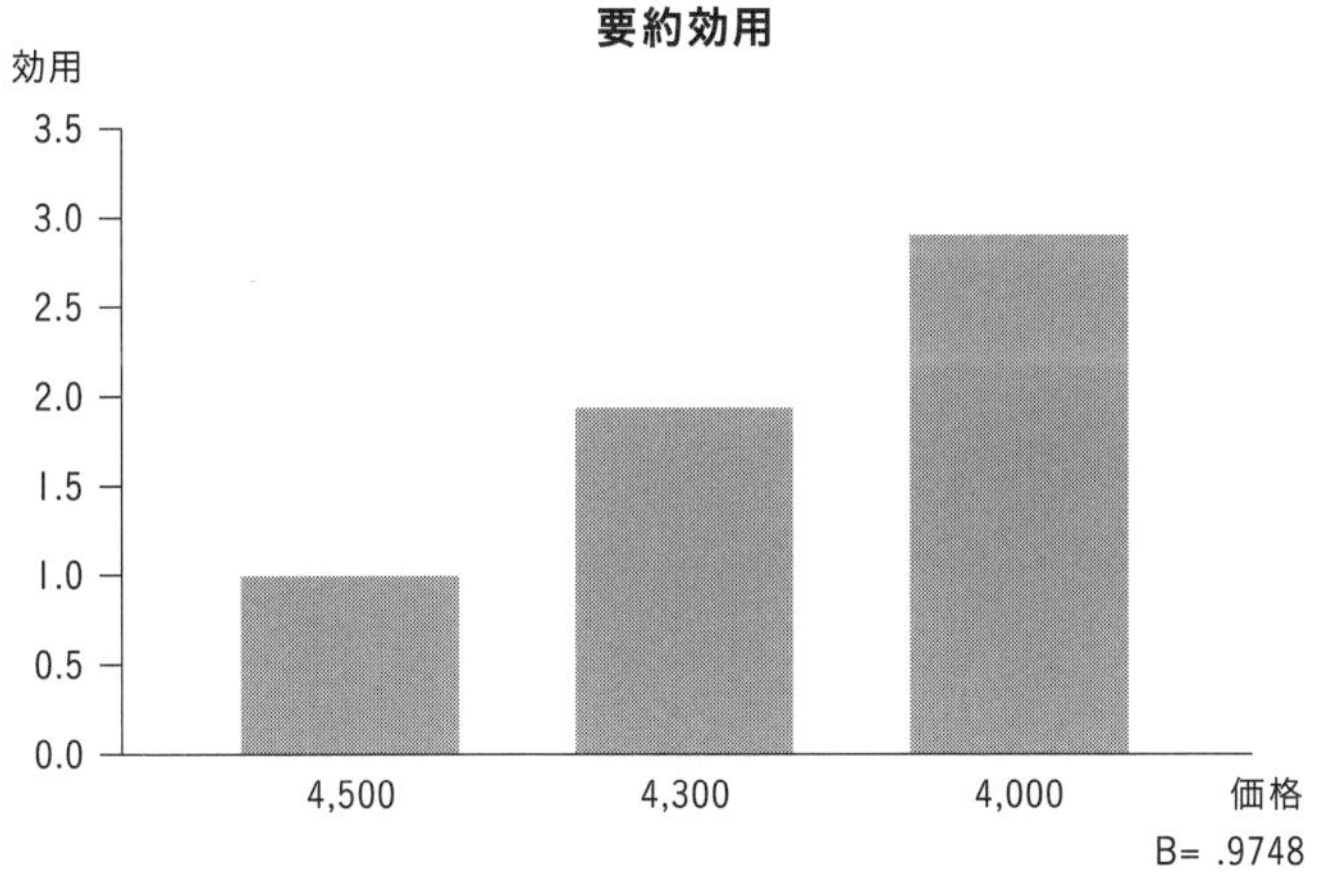

らも腑に落ちるものであった。営業をしていると、先代の経営者は精密部品加工業が好調であった時期にこの工作機械を使用して大儲けした経験があり、ブランドロイヤルティが高い。しかし、景気低迷後に引き継いだ2代目は低廉な海外メーカー商品でも十分であると言い放つことが多いそうだ。これが「何となくそう思った」という定性情報ではなく明快に数値として現れたことに意味があった。

加工段取りの効用値の平均

加工段取りの善し悪しに対する効用値の差は1・4である。したがって加工段取りを向上させれば359万円の効用を感じていただける可能性がある。

図7　ブランドの効用値

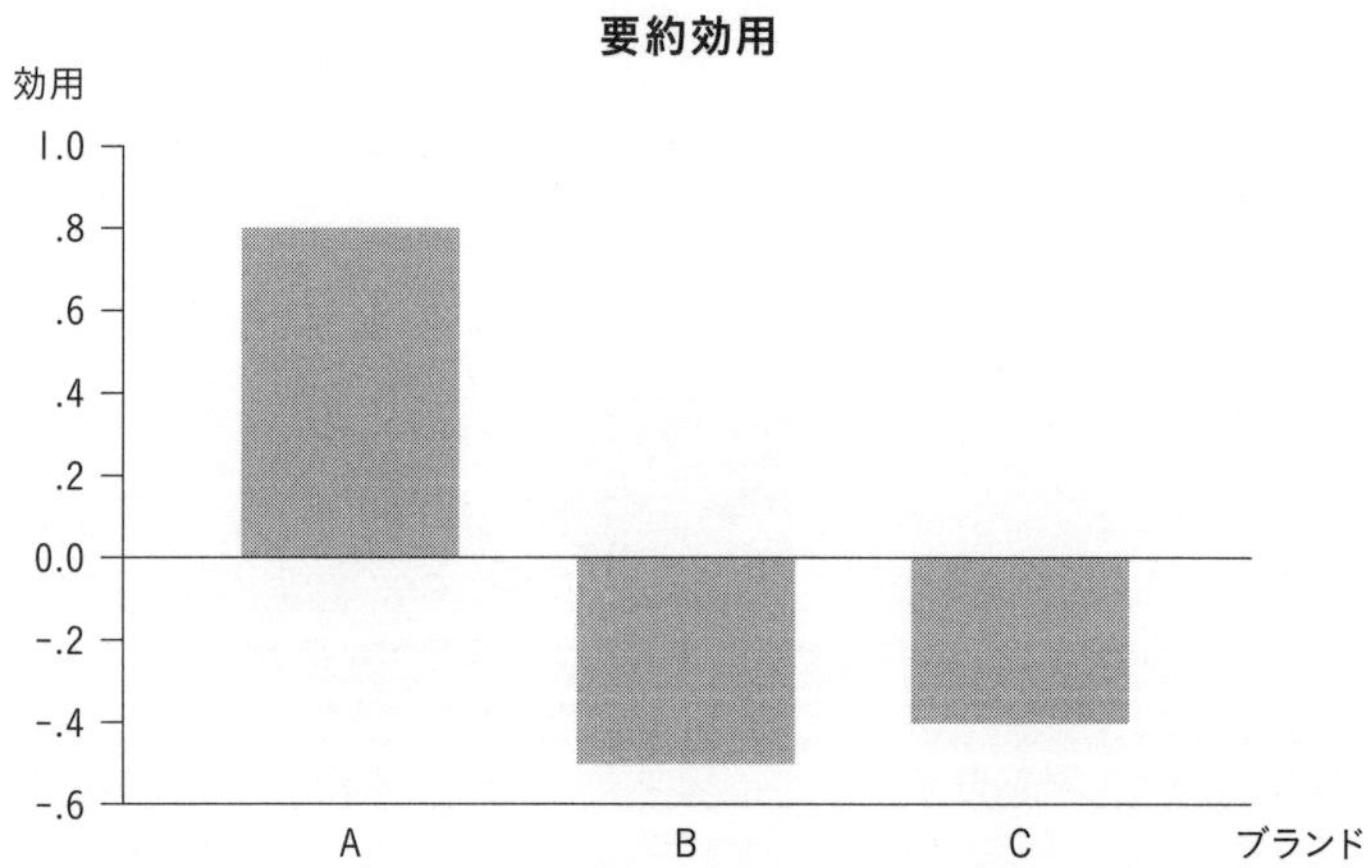

図8　加工段取りの効用値

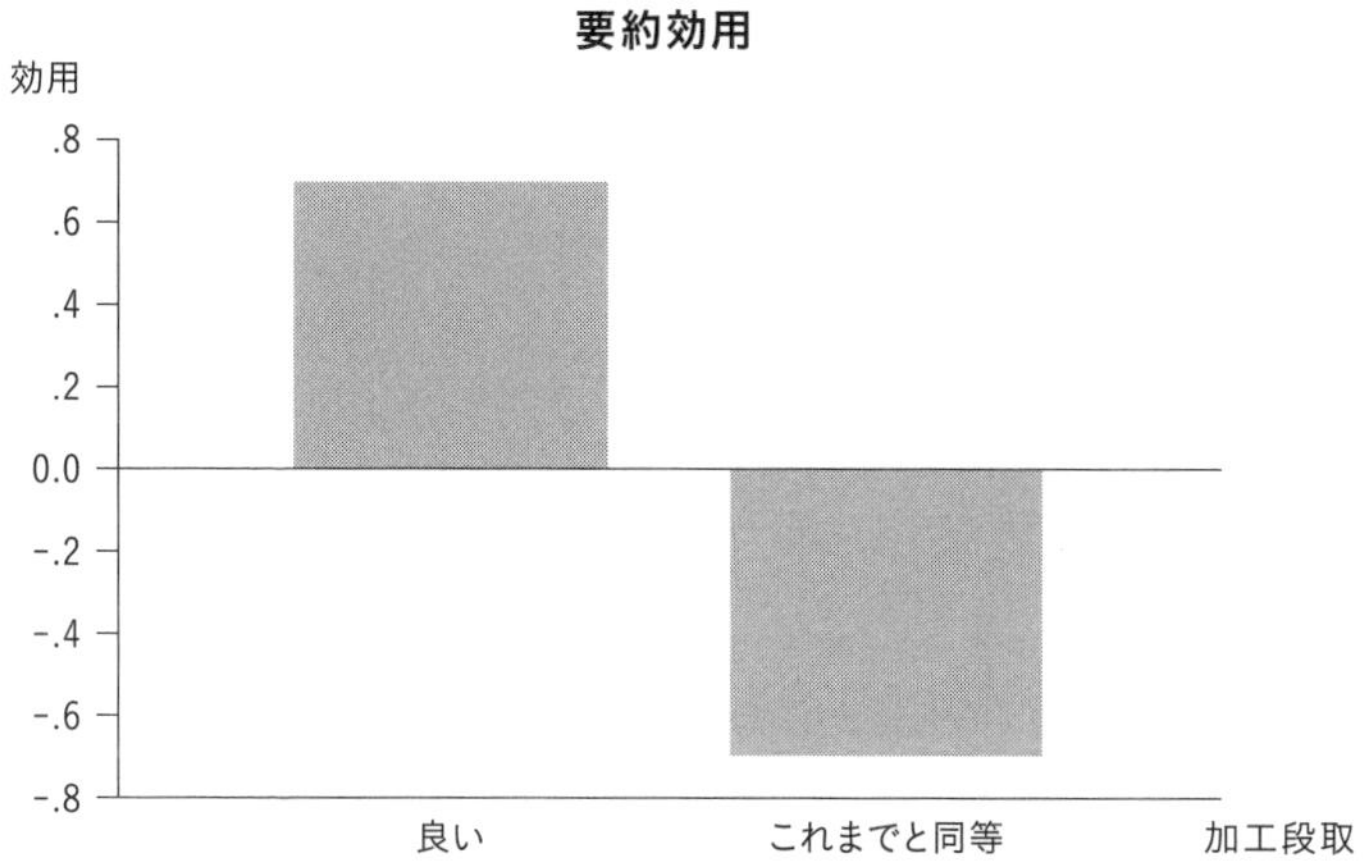

図9　サービスの効用値

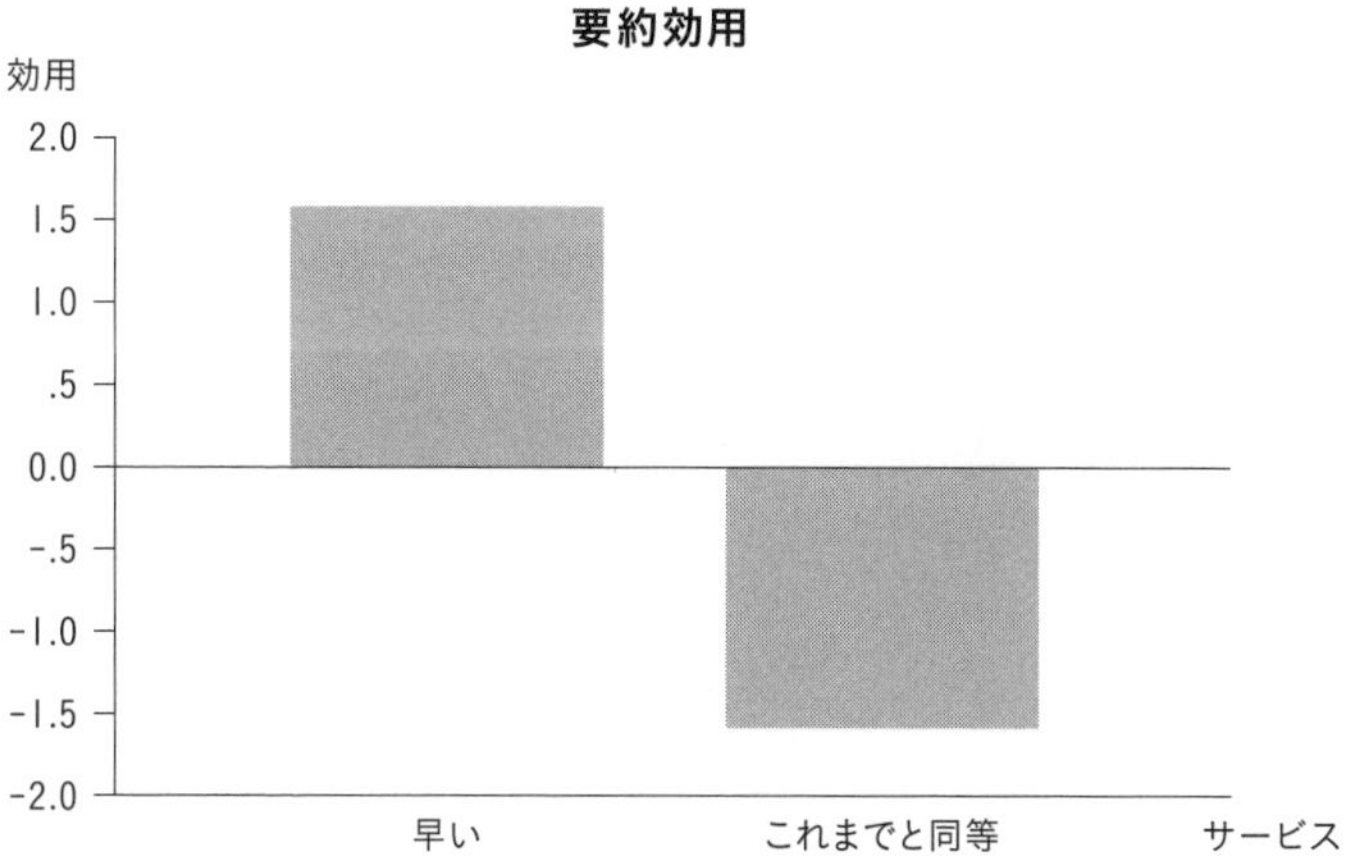

サービスの効用値の平均

　ＡとＢのブランド効用の差は約１・３である。一方、「サービスが早い」「これまでと同等」の差は３ポイントもある。つまりどんなにブランドが良くても、サービスの早さというメリットを補うだけの力はない。

　また、５００万円の差は、価格効用を見ると約２ポイントなので、「早い」「これまでと同等」の差を金額換算すると、５００万円×３／２＝７５０万円の価値を感じているという分析ができる。これは部品加工業のメーカーにとって４０００万円を超す機械にトラブルがあった場合、修理やメンテナンスサービスが迅速に行われないと、部品納品が遅れて甚大な損害を被る可能性が高いからである。

図10　各効用値の比較

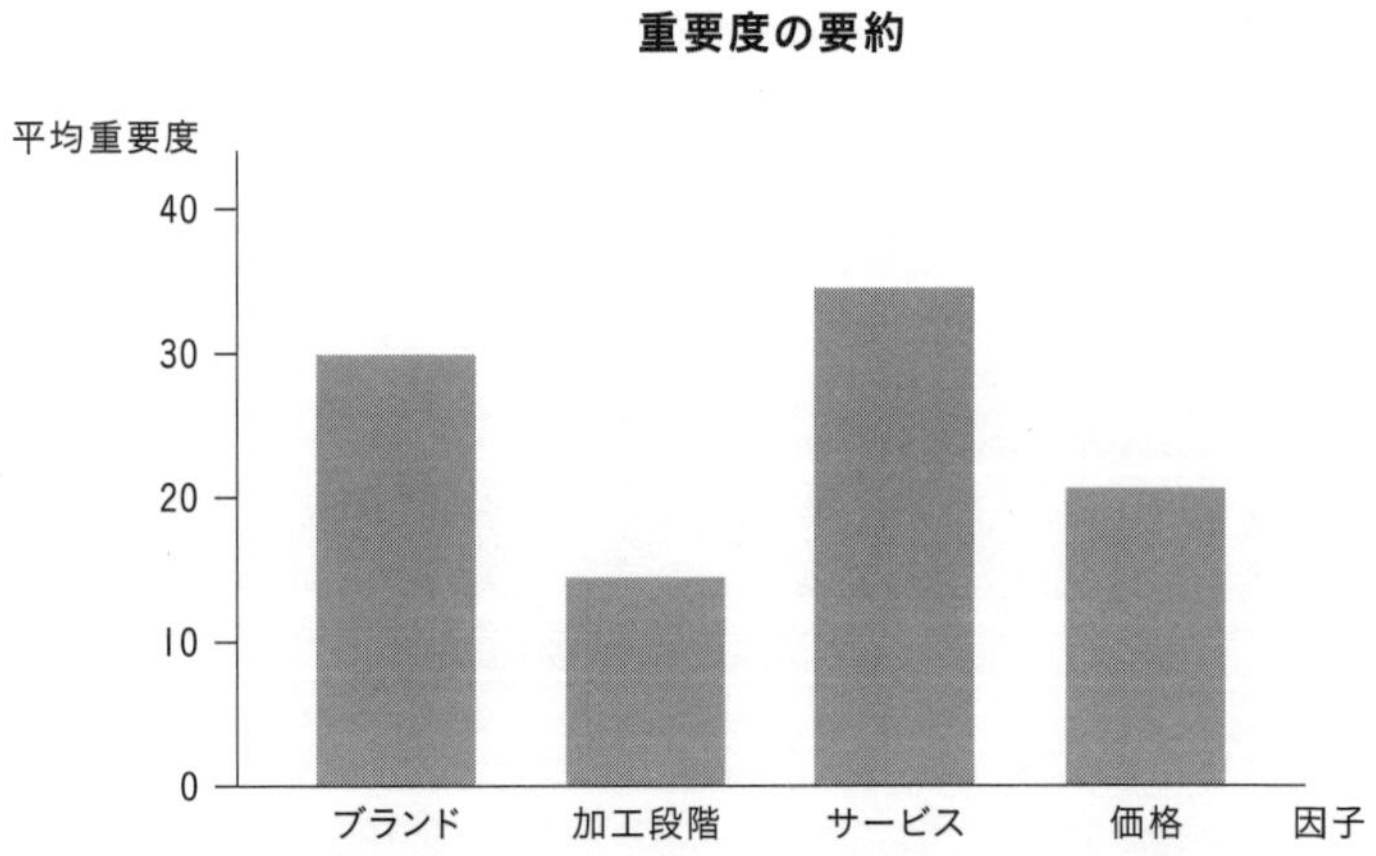

各効用値の比較

４つの要素を比較するとその意味合いは明らかであった。ブランド効用は高いものの、それはサービスと比較すると低い。もしA社がサービスレベルを向上できれば、価格の効用で７５０万円も高いプライシングができる可能性があるのだ。社長へのプレゼンテーションが、価格戦争突入ではなく、「サービスレベルの向上で価格アップ」であったことはいうまでもない。

また、先代世代と若手世代はターゲットセグメンテーションとしてブランド価値の認識がまったく異なり、若手世代は約１００万円低い価値判断で、よりサービス重視であったので、売り込み手法をそれぞれ考案した。

コンジョイント分析は価格決定に有効な示唆を与えてくれる調査分析手法である。しかし複雑な作業が必要である。被験者に対して各要素を正確に説明ができないと意味がないし、水準値を設定し損なうとその属性の評価に異常値が出る。分析には統計ソフトが必要であるし、ある程度の統計学の知識も必要だ。専門の調査会社に助けを求めることも勘案すべきであろう。その場合コストが高くなることは覚悟しなければならない。

ブランドの理想のポジショニングを検証（コレスポンデンス分析）

第7章「ターゲット顧客を決める――自社ブランドのポジショニングが思惑通り最適地にいるか、定期的にモニタリングする」で概要を述べたが、コレスポンデンス分析を詳細に解説しよう。ポジショニングを企業がつくり上げることは自由であるが、それが顧客に正しく理解してもらえなければ意味がない。

顧客の心の中の自社と競合ブランドの位置関係を知り、イメージの強みと欠けている要素を分析する手法としてコレスポンデンス分析がある。

コレスポンデンス分析は、クロス集計の結果を用いて、表側の要素と表頭の要素間の関係性をそれらの相関関係が最大になるように低次元空間のマップ上に散布図としてプロットをする多変量解析手法である。

ポジショニングを分析する場合は図11のように表側（左行見出し：この場合ブランドイメージの記述）、表頭（列見出し：ブランド名）を用いてアンケートを取る。そのデータを多変量解析の統計ソフトで分析すると244ページ図12、図13のような結果を得られる。縦軸と横軸で特徴的なキーワードを回転させて、「機能的価値と情緒的価値」

図11　コレスポンデンス分析のためのアンケート

下記、あてはまるところに○を付けてください。（複数回答可）

	ユニクロ	しまむら	ZARA	GAP	Forever 21	H&M	イトーヨーカドー
値段が安い							
デザインが良い							
機能性が高い							
定番アイテム							
個性的							
流行りに敏感							
アイテムが豊富							
親しみやすい							
高級感							
異性受けが良い							
同性受けが良い							
品質が良い							
買いに行きやすい							
着ていて恥ずかしい							
流行遅れ							

独自調査；2013年9月にビジネススクールや大学の教え子、知人162人に、「ファッションブランドのイメージ」について答えてもらった

図12　ユニクロユーザー（116人）のブランドイメージ

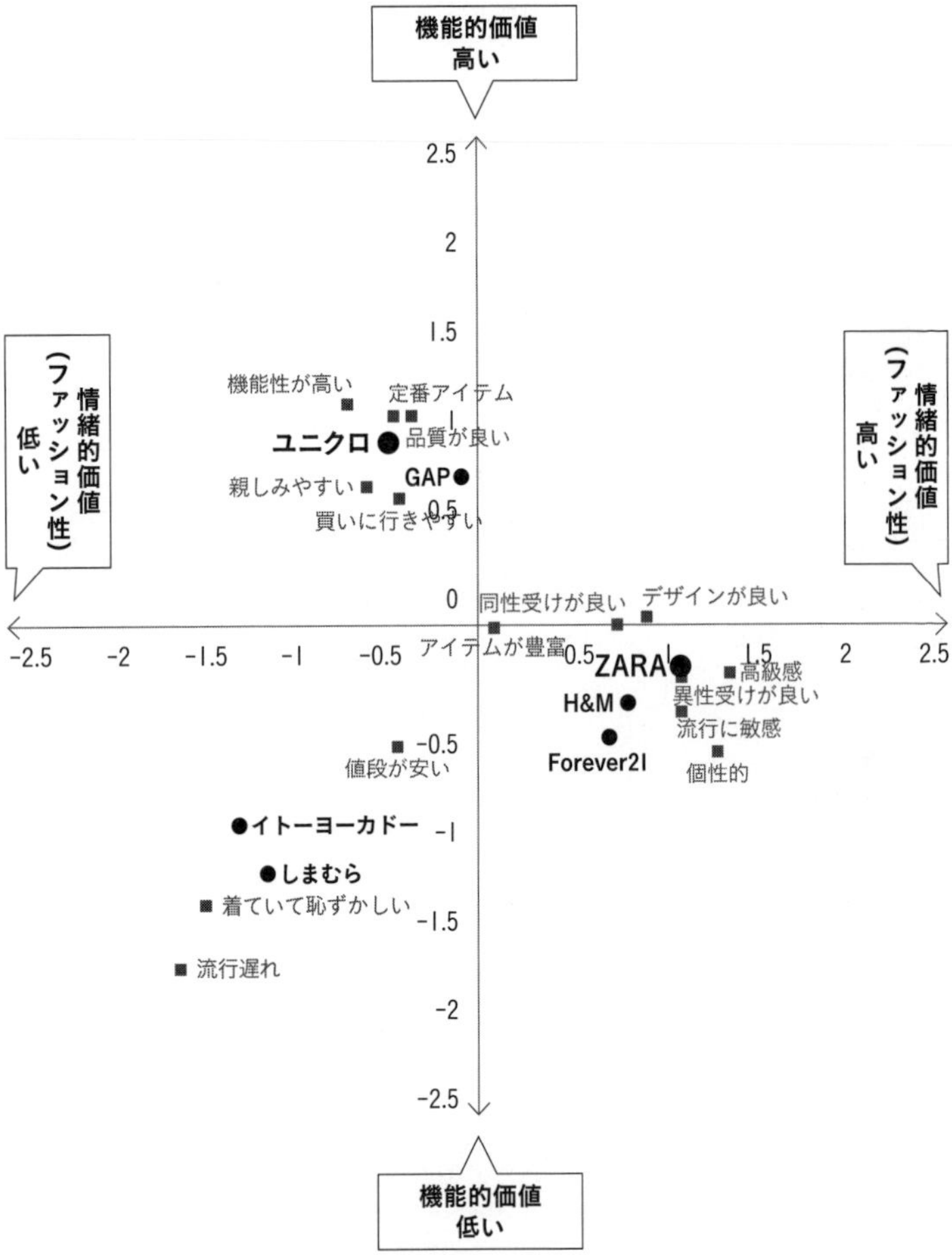

図13　ZARAユーザー(45人)のブランドイメージ

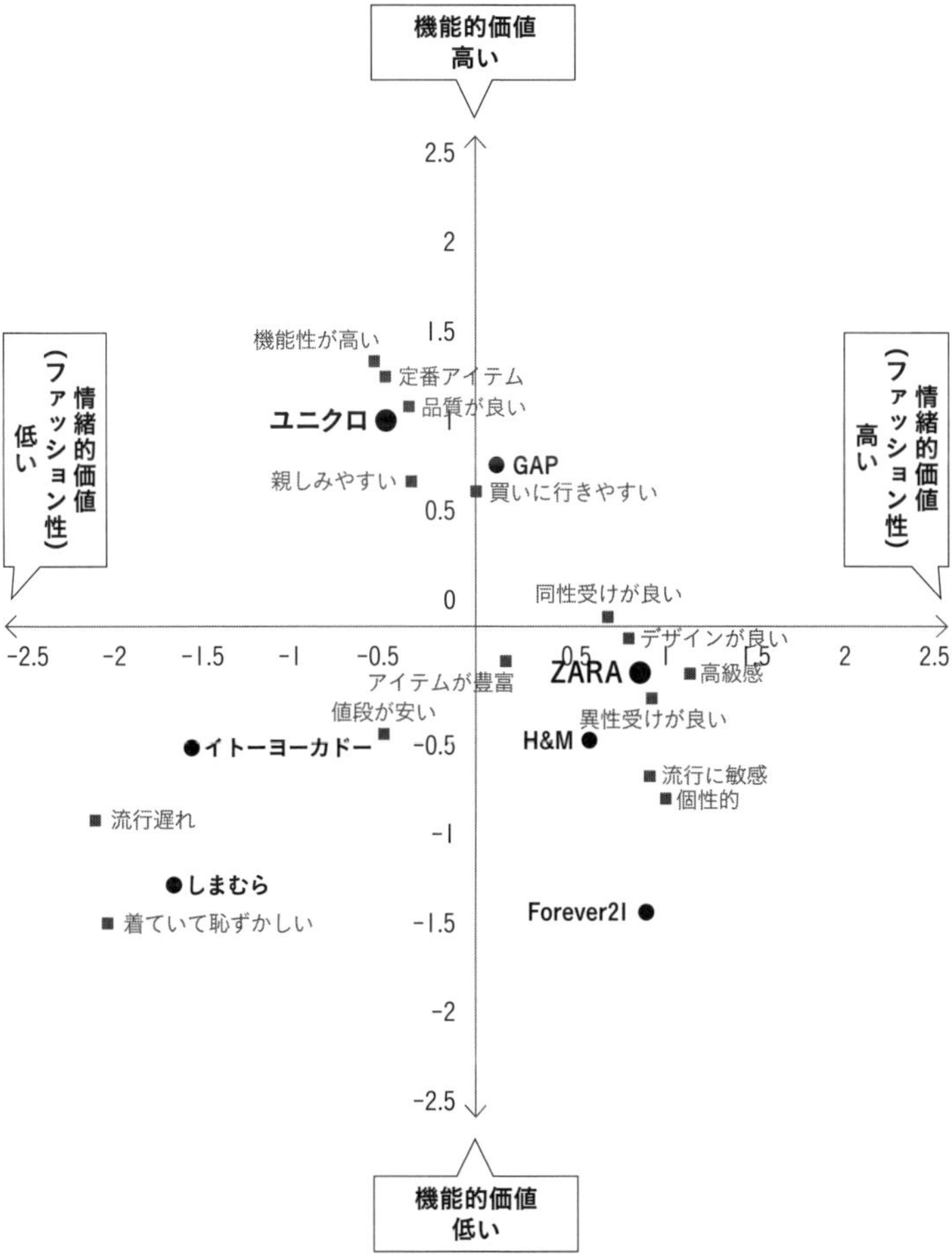

というマーケターとして腹落ちのするポジションを選択してみた。

ここからはターゲット顧客別に、ブランドに対するイメージの意識を比較してみる。ユニクロユーザーは最大で、１６２人中１１６人出現した。ユニクロユーザーにとってユニクロは「定番アイテム」で「品質が良く」「機能性も高い」というイメージである。単に「値段が安い」からと選択しているわけではない。ただし「異性には受けが悪い」と感じている。ＺＡＲＡやForever21、Ｈ＆Ｍに関してははっきり違いがわかっていない。しまむらとイトーヨーカドーの差も感じていない。ファッションに無頓着な可能性が高い。ＺＡＲＡに対しては「異性受けが良い」のど真ん中ブランドで「流行物」というイメージを持っている。

ＺＡＲＡユーザーは45人であった。ＺＡＲＡファンは「異性受けが良い」「デザインが良い」「高級感」というイメージを持って購入している。他のブランドに対する差を十分理解しているようだ。ユニクロに関しても「品質が良い」「定番アイテム」としてのイメージを持つ。ＧＡＰは「買いに行きやすい」、Forevver21は「流行物」「個性的」で自分のブランドとは少々違うという認識。他のユーザーセグメントと比較してＺＡＲＡファンはイトーヨーカドーに対して、機能はしまむらほど悪くはないが、ファッション性が低いというブランド評価をしている。

可能性のある価格帯を探る（PSM分析）

一方で比較的迅速、低廉にウェブアンケートで価格に対する顧客の意識調査をする手法もある。ＰＳＭ分析（Price Sensitivity Measurement：価格感度測定）は、顧客に対して新商品を提示して特長を説明した上で、４つの質問をすることで、どれくらいの価格であれば受け入れられて購入するかを明らかにする調査・分析の手法である。

４つの質問は、以下に示す実にシンプルなものである。

問１　商品が高いと感じ始める価格は？
問２　商品が安いと感じ始める価格は？
問３　商品が高すぎて買えないと感じ始める価格は？
問４　商品が安すぎて品質に不安を感じ始める価格は？

ＰＳＭ分析の結果の読み方は以下の通りである。この回答の累積度数割合をエクセル

図14　PSM分析事例(ロクシタン「シアバター8mℓ」)

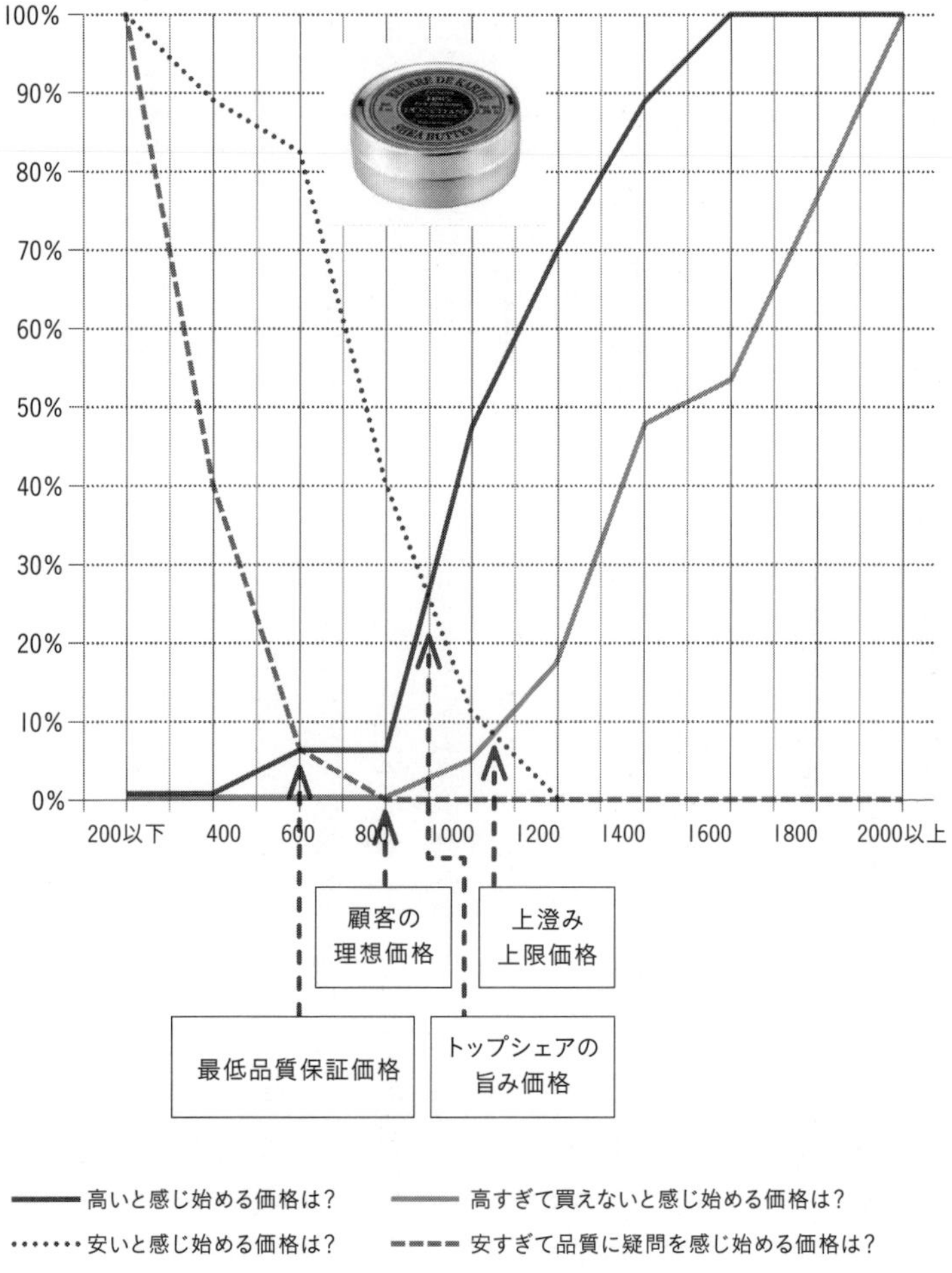

などで表にすると右記図のような交点が現れる。これはマーケティング講座で実際にロクシタンというフランス製の植物を原料とした自然派化粧品のブランドの主力製品「シアバター８㎖」に対してアンケート調査を行い、ＰＳＭ分析を行った結果である。

▼「高すぎて買えないと感じ始める価格」と「安いと感じ始める価格」の交点は「上澄み」価格で、**これ以上高くなると顧客が購入しなくなる価格上限**である。

▼「高いと感じ始める価格」と「安いと感じ始める価格」の交点は両極端の意見があり、このくらいの価格なら仕方ないと感じてもらえる妥協点である。**トップシェアのブランドがここまでの価格設定でその旨味を享受する**ことが多い。

▼「高すぎて買えないと感じ始める価格」と「安すぎて品質に不安を感じ始める価格」の交点は**顧客が望む理想的な価格**である。この価格であれば販売数量と販売額が良い形でバランスが取れる。しかしながら、この価格で利益を捻出できるかどうかはチャレンジになる。

▼「高いと感じ始める価格」と「安すぎて品質に不安を感じ始める価格」の交点はこれ以上安くすると顧客が「品質が悪いのではないか」と疑い始める**最低品質保証価格**である。浸透価格戦略を採択する場合でもこれを下回ってはならない。

実際に、シアバター8㎖はトップシェアの旨味価格である900円（税込み945円）で販売している。

取引毎の利益を現状把握する（ポケットプライス分析）

プライシングには図15のように6Cの視点で見てみると、①マクロレベルと②マーケティングレベル、そして③営業戦略レベルに分かれる。①は電気料金を初めとした公共料金やガソリン価格などのように、マクロレベルでその大枠が決まるものである。②はマーケティングレベルで、これまでにそのメカニズムを述べてきた。最後の③が実際の企業の利益に直結する場合が多いのだが、思いのほか価格戦略が下手で、実態を科学的に把握して対策を打っている企業が少ないので、ここで対応策を解説しよう。

営業レベルの価格分析に有効なものとしてポケットプライス分析がある。この分析はマッキンゼー社が製造業のクライアントに対し、収益改善プロジェクトの一環で使用することがある。簡単に解説しよう。

メーカーが商品をチャネルの多段階に渡って流通させている場合、それぞれのステッ

図15　プライシングを6つの視点、3つのレイヤーで考える

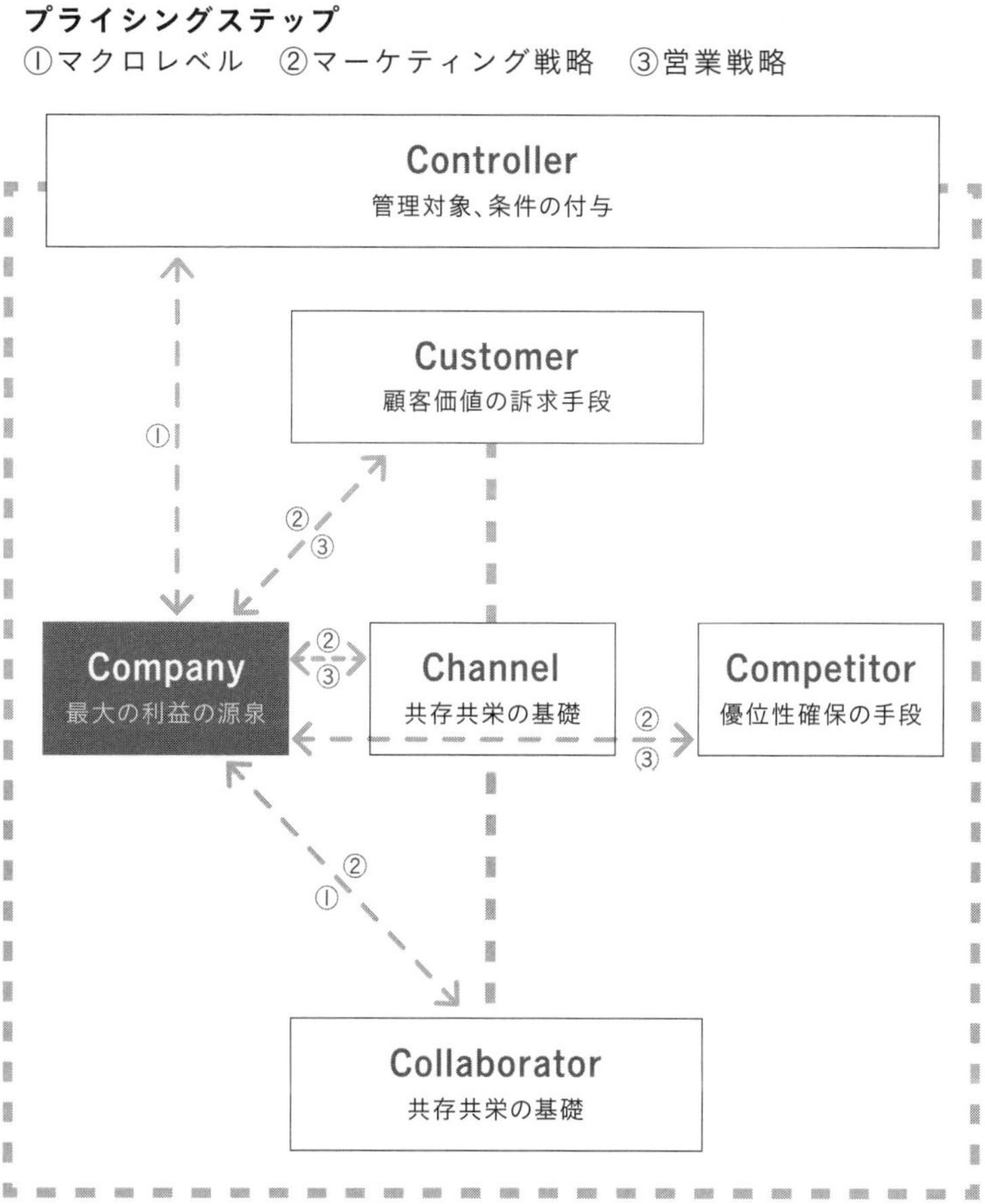

プで発生するリベート*やアローアンス**を商品ごと、顧客ごと、注文ごとに分析して実態を把握する。本当の意味で企業がポケットに入れている価格と、内部コストまでも計算して本当にその取引からマージンが稼げているのかどうか、実態把握するのである。その後に不適切なプライシングをあぶり出してその発生理由を分析し、それを食い止めるための対策を講ずる。目的は収益改善と収益獲得を目標として、考えて売る仕組みと癖を営業に組み込むことである。

＊リベート……メーカーや卸売業者などが商品の売上高や取引高など一定の条件をクリアした流通業者に対して支払う報酬

＊＊アローアンス……販売店の販促活動を援護するために奨励金的な活動の総称

図16　顧客ごとにポケットプライス（ポケットマージン）を把握

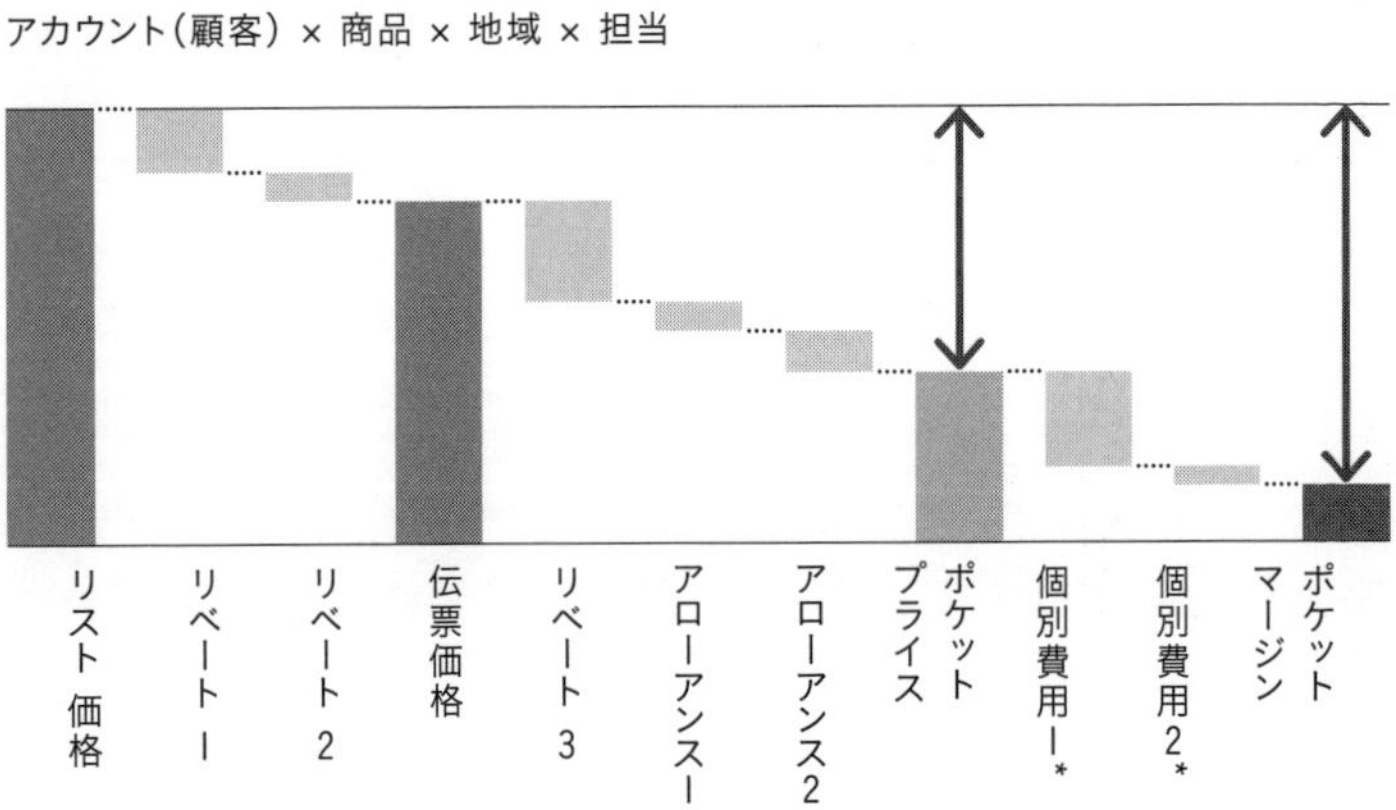

* 製品コスト、設備・工具コスト、テクニカルサポート、特別サービスコスト　など

冒頭の事例で挙げた飲料メーカーのように、30種類余のリベートとアローアンスを上手に使ってトップラインのみを目標にした営業行為が横行している場合がある。日本を代表するような企業であっても経営層が売買の平均値は把握しているだけで目の子で戦略に承認を与えている。マクロレベルとマーケティングレベルで理論値はつくれても、現場では利益が流出しているのだ。

次ページ図17のように、ポケットプライスの分布を散布図にプロットしてみると興味深い結果になることがある。

通常、取引金額が大きい客先には良い条件が出ているはずだが、ここで回帰分析をしてみると異常値の取引があぶり出される。この実態を把握した上で、その理由をヒアリングする。そうすると、「昔は販売力があった小売店だが取引量が減っても、良い条件を店主の人間関係で堅持している」「昔、伝説の営業が担当していて、異常値の値引きをして成績を上げていた。それが今の支店長だ。その条件が未だに残っている」などと、人間くさいエピソードが満載である。

これら個別事情に基準値を設定して、営業は図18の±20%ライン以下に位置する顧客

図17　ポケットプライスの分布を分析し、改善を図る

ポケットプライス分布分析

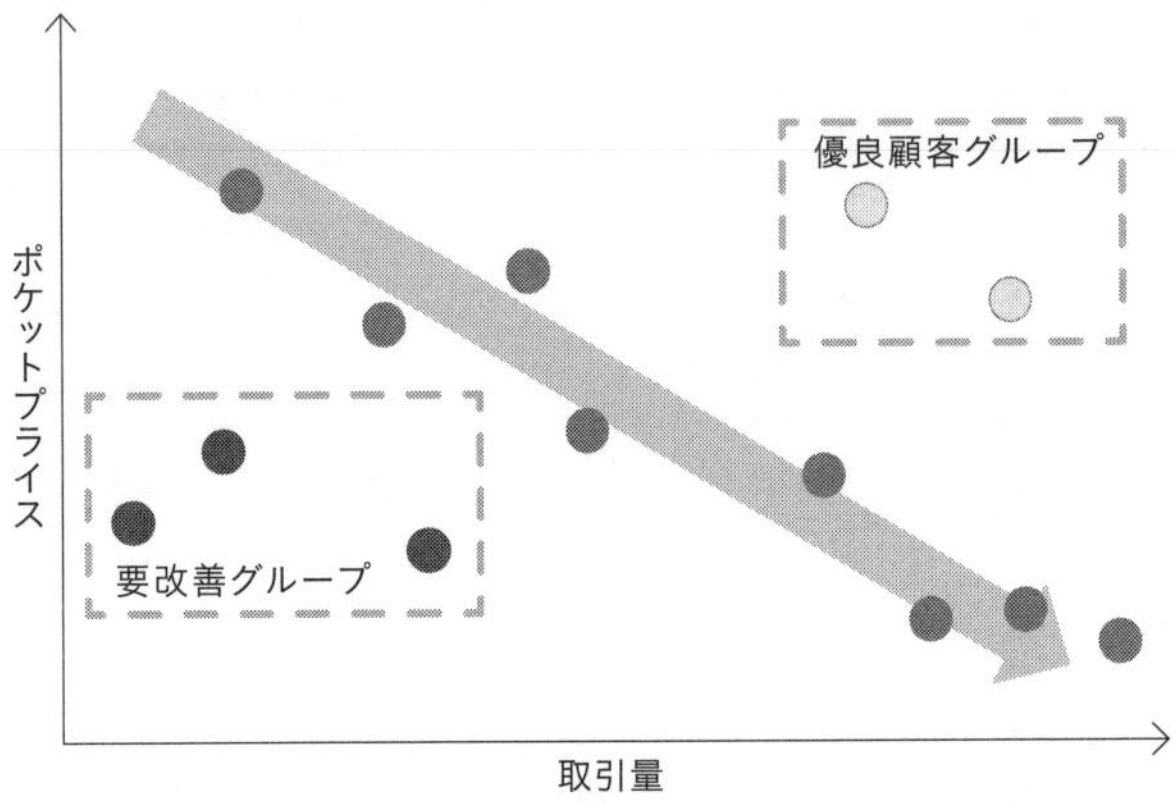

ポケットプライスバンド±20％分析

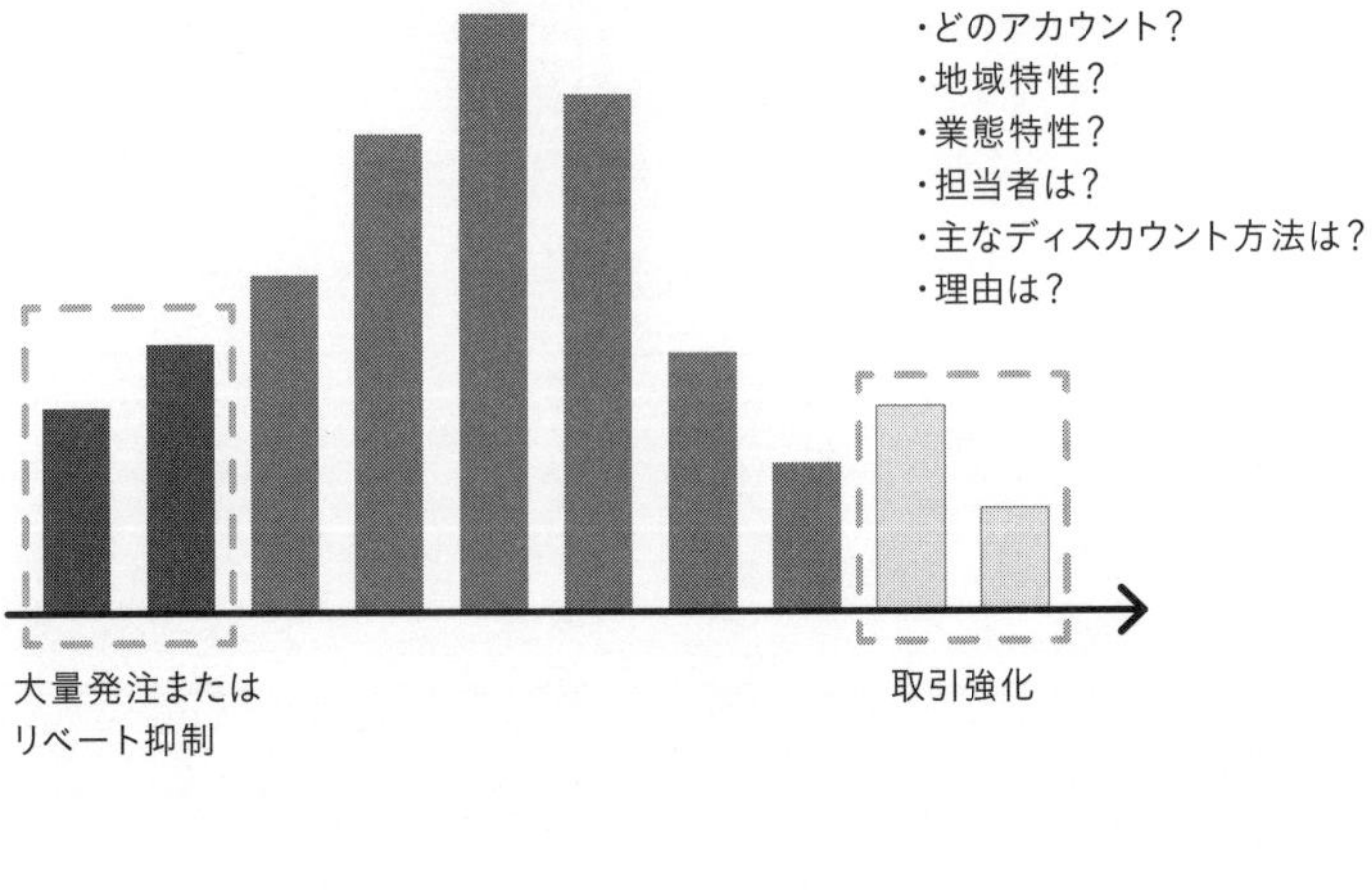

図18　ポケットプライス分析のプロジェクトの進め方

フェーズ1
事前分析

自社の価格戦略、値引き方針の決定プロセス、決定権者の特定

感度分析
- 価格1％の上下が与える利益へのインパクト
- 売上増加やコスト削減のインパクト

価格戦争時の競合との優位性
- 耐え得る価格最低水準

自社情報システムの実態把握

フィールドワークの設計

フィールドワーク
価格実態調査・分析

専門家インタビューとブレスト

顧客へのコンジョイント分析
- インタビューによる効用の属性、水準出し
- 実査、分析

ポケットプライス・ウォーターフォール分析
- 要素の顧客別感度分析（どの項目が効くか。削れるものは？）

ポケットプライス・バンド分析
- PPバンド+-20分析
- PPバンド要因分析
- ターゲット顧客毎の感度分析（効く要素は？）
- PP改善のベストプラクティス分析

競合の過去の価格対応調査（価格戦争への可能性）

フェーズ2
実行、今後への展開

価格戦略策定
- 目標設定
- 打ち手ごとの意味合いの明確化と指導徹底（ディスカウントの目標は？など）
- テストマーケティング地域の選定（条件設定パターンを変えてみる）

組織的な取り組み案策定
- 価格ポリシー決定者、プロセスの明確化
- 組織での評価、インセンティブ制度への意味合い出し
- 営業トレーニング・プラン（分析、トーク）
- システムの改善プラン
- 実行プラン

周知徹底

実施・フィードバック

や商談に対して、もっと大量の発注か、リベートの抑制かを交渉しなければならない。最悪のケースは取引中止とすべきで、トップラインにも影響を与える。同時に営業部隊を粗利によって評価する仕組みも必要だ。そうでなければ売上が減少する商談を好む営業はいないからである。また個別商品単位、営業担当、客先単位で売上、利益が把握できる情報システムがあると実行に弾みが付く。ただしシステムがなければ目の子の粗利管理でも営業グループ単位の管理レベルでもやれないことはない。後述するが、この戦略を本気で実行するには何よりもトップマネージメントのコミットメントが必須条件である。

実際のポケットプライス分析のプロジェクトはP255図18で示す3フェーズで行う。組織化を図ることができずに一過性の試みであれば、却って現場の混乱を招くことがある。留意されたい。

顧客の価格感度を把握する（価格弾力性分析）

価格を上げると自社の製品がどの程度需要が減少し収入が下がる可能性があるのか？または下げたら？企業人ならばこの価格弾力性を知りたいはずだ。価格弾力性は次の式によって求められる。

この値が1より大きいと「弾力的：価格弾力性が大きい」といい、小さいと「非弾力的：価格弾力性が小さい」と判断される。ちょうど1であれば単位弾力的といい、需要が変わらない。収入＝価格×需要量なので収入にも変化がない。弾力性が大きい場合はわずかな価格の変化で需要が変わるので、価格を引き上げると大幅に購入客数が下がり収入を損なうが、下げると需要が増え収入が上がる。非弾力の場合は、価格を上げても需要は変わらないので収入が増え、下げてもそれに見合っただけの需要促進は期待できない。

通常、パンや塩、ティッシュなどの生活必需品の弾力性は価格が上がっても買い控えがしにくいので小さいが、高級ブランド品、宝飾品などの贅沢品は価格弾力性が大きいといわれる。非弾力の米の値段をいたずらに下げても、収入は増えないのだ。反対に高級ブランド品は価格を下げると収入が増えることになるが、中長期的に安売りを続けるといつかはブランド価値を損なってしまい、弾力性が下がって収入

図19　価格弾力性分析(式)

$$\text{価格弾力性} = \frac{\text{需要の変化率(\%)}}{\text{価格の変化率(\%)}}$$

は減るだろう。

ただし、これは顧客セグメントによって弾力性は異なるし、オケージョンやその商品の希少性によっても異なる。例えば、飲料水は生活に必需品で効用は高いが供給量が多いので限界効用は低い。しかし、砂漠で道に迷った場合は希少性が向上するので効用値はきわめて高いだろう。理論的にはこれで良いが、実際に仮説を立て検証をし、実務で活用するにはどうしたらよいだろうか？　大きく２つの方法が存在する。

１つ目は、この章で述べているようにアンケート調査やコンジョイント分析で価格弾力性を推察することである。

２つ目は、市場実験によるものである。メーカーであれば実際の店舗を数店実験的に経営することがあるし、アンテナショップを経営している企業は数多い。私のクライアント企業は医療系の業界であるが、医療従事者のニーズやコスト意識を理解するために医院を経営している。いくつかのメーカーでは繋がりの強いチェーン店舗で価格変更による弾力性のテストや販売促進の実験をさせてもらい、小売りのＦＳＰのデータを購入してリアルタイムでＰＤＣＡサイクルを回している。また、ネットで実験的に顧客セグメント毎に異なる割引率を提示して反応を見ることも可能である。

第15章 価格戦略の責任部署をつくり実行する

プライシングは企業内で軋轢を生みやすい。それは製品開発、購買、生産から販売、財務まで全ての部門に直接大きな影響があるからだ。その重要なプライシングの決定プロセスと、そのプロセスにかかわる部署、そして本当の意味で決定権を持つ人は誰だろうか？個人名で挙げられるだろうか？

Ｂ・アトキンとＲ・スキナーの調査研究[1]によれば価格の「最終決定権限」を持つ決定者はゼネラルマネージメントが38％、セールスまたはマーケティングマネージャーが31％、財務・経理マネージャーが5％、そして「不明」が21％あったそうである。日本で数多のクライアントに接してきた経験からすると、日本企業に置けるこの不明の割合はもっと高いのではないかと推察する。そして、価格決めに対する現場の意見、つまり営

（1）"How British Industry Prices (How British Industry)" B.Atkin and R. Skinner (Industrial Market Research, Ltd)

業サイドで決定される割合も高いのではないか。ブランドを育成して顧客価値創造プライシングによって利益を向上させたければ、それに見合ったプライシング・プロセスが必要だ。

ＧＥは２０００年以来「プライシングマネージャー」の地位を再定義し、40もの部にそれぞれ任命したことによってプライシング機能の大規模な再構築をもたらした。欧米では適切なプライシングを実行するためにプライシングマネージャーを設置する企業が増えている。まず必要な分析から事実ベースのデータを収集し、科学的な顧客価値創造プライシングのアプローチをする責任部門を設置すべきではないか。そして経営者以下が責任を持ってプライシングを行うプロセスを再定義すべきである。

プライシングマネージャーだけでなく、日本のマーケティング組織の大きな課題はＣＭＯ（Chief Marketing Officer）が存在しないことだ。２０１３年6月に経済産業省が出したレポート「消費インテリジェンスに関する懇談会」によれば、マーケティングやブランディングを統括するＣＭＯを配置している日本企業は米国と比すと極端に低いことがわかる。日本が０・３%[2]、米国は62%[3]である。

２０１３年6月に来日したフィリップ・コトラー教授は、「フィリップ・コトラー会

（2）ＨＰ等に掲載の役員一覧より。経済産業省調べ
（3）『マーケティング立国ニッポンへ～デジタル時代、再生の鍵はCMO機能～』（日経BP社）

議２０１３」で、日本企業への警句を発した。曰く、「日本が衰退した8つの理由のひとつは、マーケティング部門が販売促進だけ担当させられていて、他のマーケティングミックスを任されていないため。営業傘下の一部門であることも多い。マーケティング担当者は商品ポートフォリオを決める立場になるべきなのに、これらの力を持っていないためマーケティングの本来の力を生かし切っていない。その力を持つＣＭＯが日本でほとんど存在しないことは残念だ。米国には約３０００人のＣＭＯがいてお互いに意見交換をし、学び続けている」。

日産自動車では２０１０年にブランド、マーケティングおよび広報部門を統合し、新たに「グローバルマーケティングコミュニケーション」という組織をグローバル本社内に設立した。それまでは各国にブランド戦略とコミュニケーションに独立性を認めていたため、齟齬が大きくなっていった。顧客がグローバル化し、ソーシャルメディアによって情報環境が変わり、世界が密に繋がったことで国境を越えて情報発信し、ブランディングを統合して責任を持つ部署が必要になったからである。日産自動車はカルロス・ゴーン氏のリーダーシップの元、マーケティング体制を見直し続けている。日産自動車は日本企業というより外資系なので当然なのかもしれないが。

第16章

トップがコミット（責任を持つ約束）する

価格改定の成功は社長の肝の据わり方で決まる

かつて私のクライアントがあまりの低利益体質を克服するために、現状の赤字プロジェクトの原因を調査、分析し、新しい価格戦略の結論を出した。

トップ自らが「プライシングを利益志向にする。闇雲にトップラインは追わない」という宣言をされた。営業現場には「これからは受注金額を追うのは止めて、営業の前線から利益志向になって欲しい。営業の業績評価も利益志向に変更する」という号令が下った。営業にとって値上げは困難な作業である。露骨にこれまでの顧客から嫌な顔をされるし、失注すると上司からも叱咤される。

何とか1年間その新営業戦略を実行した結果として、売上が大きく減退し、工場の操業にも影響が出た。しばらくすると、「ある程度の値引きはやむを得ない」という雰囲気がどこからともなく出現し、いつしか価格ポリシーは元の木阿弥になっていった。顧客からすれば、値上げ交渉をしてその舌の根も乾かないうちにポリシー変更するのだから、強く出れば折れる企業という印象を残してしまった。律儀に値上げを説いていた営業は立場をなくし、現場は混乱して士気は低下した。

戦略的で大胆なプライシングにはトップのコミットメントが不可欠である。合併した今では実情はわからないが、かつてアンホイザー・ブッシュのＣＥＯの部屋には世界地図上に各地の価格が表示されている掲示板があって、常に目を光らせていたと聞く。

日本ではヒロセ電機[1]の中村社長（当時　現在は会長）の価格戦略は「いくら売上が大きくなっても利益が増えなければ意味がない」という認識で、赤字や、収益を落とす売値は一切認めなかった。高収益になる取引であると誰でも判断できる案件以外、製品の売値と買値は社長決裁である。

したがって製品企画担当者は顧客に差別化アピールできる先端商品で世界シェアＮｏ・１を目指して商品設計し、既存製品のコピーはしないことがポリシーだ。これが２０１３年３月期売上９５９億円、経常利益２２０億円、経常利益率23％、純利益率14％という高収益を支えている。

（1）携帯電話や自動車向けコネクターで世界シェアNo.1商品を多く持つ。

以下の日経ＭＪの記事を見ると、日本水産社長のプライシングに対するコミットメントは十二分に感じられる。この発言通りに粘り強く現場が新しいプライシングを実践できるかまでポリシーをぶらさないことが肝心である。

「強気なのは日本水産。社長の細見典男（63）は「ナショナルブランド（ＮＢ）の値上げはもちろん、プライベートブランド（ＰＢ＝自主企画）の取引条件の変更に応じない小売業とは取引しない」と5月下旬の決算会見の場で言い切った。ＰＢについては口を閉ざすメーカーが多いなか、歯に衣（きぬ）着せぬ発言に同業他社からは「ＮＢの販売にも影響を与えかねない強気な発言だ」（大手水産会社）と驚きの声が上がる。細見は「そのくらいの覚悟を持って交渉に臨むということ。今回の為替変動と原料高で、値上げできなければ会社の存亡にかかわる」と発言の真意を打ち明ける」[2]

様々なマーケティング戦略を語っては来たけれど、顧客価値創造プライシングを実行して利益を得るには、意思強固なマネージメントと実行する組織力は欠かせない。このことを最後に強く主張したい。

（2）「食品価格交渉、夏の陣——社長の一念、値上げ浸透（物価調査隊）」
日経 MJ 流通新聞　2013 年 7 月 5 日

おわりに

ネスレやディズニーなどのメーカーでマーケターとしての実務経験を積んだことに加え、コンサルタントとしてマーケティング関連のずいぶん多くのプロジェクトに関わってきた。この間、多くのマーケターやコンサルタントの同僚や仲間とマーケティングに関し実務を通じて学び合うことが多かった。現在でもいくつかの企業では継続的なコンサルティング・サービスを提供し、マーケターに実践的な指導をしながら、商品開発や様々な業界のマーケティングプランの構築のお手伝いをさせていただいている。これらの経験からマーケティングに関して知見を蓄積しただけでなく、近年のマーケティング戦略上の企業課題が見えてきた。

主に耳にする顧客の深い悩みは、顧客ニーズの探索が困難であることと、安定的な収益が得にくくなっていることである。これは成熟した消費社会でこれまでの「高い技術、多機能満載製品で勝つ」「良い物を安くして市場シェアを席捲して勝つ」といったオールドパラダイムの勝ちパターンが通用し難くなってきたためだ。

以前から実感していたことではあるが、私が実務で経験を積んだ外資企業や、コンサルティングでご一緒した高収益企業にはしっかりした「マーケティングの型」がある。それぞれに様々な個性はあるが、共通項としては数を絞り込んだ強い商品にブランディングやデザインという情緒的な価値を重視して管理を怠らず、そこに資源を継続投下している。そして一番特徴的なことは戦略的なプライシングを実行していることである。本書で解説している中核の概念として「顧客価値創造プライシング」を体現しているからこそ、顧客の満足と企業収益のバランスがとれているのである。

翻って未だにオールドパラダイムのマーケティングをしながら低収益に苦しんでいる企業は、プライシングの戦略性に乏しく、上手ではない。

企業の責任のある方やマーケターから悩みを打ち明けられる機会も増えて、そのたびに一献交えて率直な討議をしたり、ワークショップを開いたり、あちこちで講義をしているが、このままでは効率が悪いと実感している。また、この3年間はビジネス・ブレークスルー大学でマーケティングの教鞭を執るようになって、若い受講者に教える機会が増えた。将来のマーケターを志す受講者とのやりとりの中で、どうしてマーケティングの実践的な理解が滞るのか把握できた。

これらの切実な悩みに応えるために、また、多少なりとも参考になるやもしれないと思って今回の出版にたどり着いた。

出版にあたってはクロスメディア・パブリッシングの吉田倫哉編集者と小早川幸一郎社長にご尽力いただいた。吉田氏には縁あって執筆を引き受けたのだが遅筆でご迷惑をかけた。両氏にここでお詫びとお礼を申し上げたい。

また、アンケートに快く応じてくれたビジネス・ブレークスルー大学やビジネススクールの学生、マーケティングの私塾ＢＬＴＣの卒業者、企業のマーケターの方々にお礼をしたい。またそのアンケートのとりまとめと分析にご助力いただいた宮原洋氏に感謝したい。

最後にこの数ヶ月間休日は主に執筆に時間が割かれ、外出機会が減ったにもかかわらず、原稿に目を通し朱を入れてくれた妻　美樹に、こころから感謝している。

菅野　誠二

主要参考文献

『なぜ高くても買ってしまうのか　売れる贅沢品は「4つの感情スペース」を満たす』マイケル・Ｊ・シルバースタイン、ニール・フィクス、ジョン・ブットン 著 杉田浩章 監修／編集、ボストン コンサルティング グループ 訳（ダイヤモンド社）

『マッキンゼー プライシング』山梨広一、菅原章 著、村井章子 訳（ダイヤモンド社）

『２０３０年 世界はこう変わる アメリカ情報機関が分析した「17年後の未来」』米国国家情報会議 編者、谷町真珠 訳（講談社）

『データでわかる２０３０年の日本』三浦展（洋泉社）

『ＢＥソーシャル！―社員と顧客に愛される5つのシフト』齋藤徹（日本経済新聞出版社）

『価格戦略を知るものが「利益」を制す』ＤＩＡＭＯＮＤハーバード・ビジネス・レビュー編集部（ダイヤモンド社）

『スマート・プライジング 利益を生み出す新価格戦略』ジャグモハン・ラジュー、Ｚ・ジョン・チャン 著、藤井清美 訳（朝日出版）

『オープン・サービス・イノベーション 生活者視点から成長と競争力のあるビジネスを創造する』ヘンリー・チェスブロウ 著、博報堂大学ヒューマンセンタード・オープンイノベーションラボ、ＴＢＷ

A博報堂 監修（阪急コミュニケーションズ）

『三菱総研の総合未来読本Ｐｈｒｏｎｅｓｉｓ「フロネシス」〈06〉消費のニューノーマル』三菱総合研究所 編集（丸善出版）

『Consumer Behavior and Marketing Action』Henry Assael（South-Western Pub）

『コトラー&ケラーのマーケティング マネジメント』フィリップ・コトラー、ケビン・レーン・ケラー著、恩蔵直人 監修 月谷真紀 訳（ピアソンエデュケーション）

『マーケティング原理 第9版―基礎理論から実践戦略まで』フィリップ・コトラー、ゲイリー・アームストロング 著 （ダイヤモンド社）

『顧客が熱狂するネット靴 ザッポス伝説―アマゾンを震撼させたサービスはいかに生まれたか』トニー・シェイ 著、本荘修二、豊田早苗 訳（ダイヤモンド社）

『ペルソナ戦略―マーケティング、製品開発、デザインを顧客思考にする』ジョン・S・プルーイット著 秋元芳伸 訳（ダイヤモンド社）

『価格優位戦略』マイケル・V・マーク、エリック・V・ログナー、クレイグ・C・ザワダ 著 山梨広一、菅原 章、村井章子 訳（ダイヤモンド社）

『マーケターの知らない「95%」消費者の「買いたい!」を作り出す実践脳科学』A・K・プラディープ著、ニールセンジャパン 監修、仲達志 訳（阪急コミュニケーションズ）

『価格と顧客価値のマーケティング戦略―プライス・マネジメントの本質』青木淳（ダイヤモンド社）

『価格戦略論』ヘルマン・サイモン、ロバート・J・ドーラン 著、吉川尚広、エコノミクスコンサルティング研究会 訳（ダイヤモンド社）

『行動経済学 経済は「感情」で動いている』友野典男 著（光文社新書）

『価格の心理学 なぜ、カフェのコーヒーは「高い」と思わないのか？』リー・コールドウェル 著、武田玲子 訳（日本実業出版社）

『プライジング―消費者を魅了する「値ごろ感」の演出』青木淳（ダイヤモンド社）

『コトラー8つの成長戦略 低成長時代に勝ち残る戦略的マーケティング』フィリップ・コトラー、ミルトン・コトラー 著、嶋口充輝、竹村正明 訳（碩学舎ビジネス双書）

『「ブランディング」は組織力である』DIAMONDハーバード・ビジネス・レビュー編集部（ダイヤモンド社）

【著者略歴】

菅野誠二（かんの・せいじ）

ボナ・ヴィータ代表取締役 ビジネス・ブレークスルー大学教授（マーケティング）
早稲田大学法学部卒、IMD 経営大学院 MBA。ネスレ日本株式会社、ブエナ・ビスタ（ウォルト・ディズニー・カンパニー ビデオ部門）マーケティングディレクター、マッキンゼー＆カンパニーにて経営コンサルタントとして営業戦略立案プロジェクトの実施や、商社のマルチメディア戦略、韓国財閥企業の新商品開発プロセスのリ・エンジニアリング、都銀のニューメディアバンキング戦略、アパレルメーカーの新規事業戦略立案等を担当。現在、ボナ・ヴィータを設立。コンサルティングによる企業の戦略立案と、アクションラーニングを通じた企業変革に関わっている。
著書に『共感をつかむプレゼンテーション』（日本経団連出版）『図を描き・思考を磨き・人を動かすプレゼンテーション』（翔泳社）、訳書に『マッキンゼー流プレゼンテーションの技術』（東洋経済新報社）等。

Home Page：　http://www.buonavita.co.jp/

値《ね》上《あ》げのためのマーケティング戦略《せんりゃく》

2013年11月11日　初版発行
2017年6月13日　第5刷発行

発行　**株式会社クロスメディア・パブリッシング**
発行者　小早川幸一郎
〒151-0051　東京都渋谷区千駄ヶ谷4-20-3 東栄神宮外苑ビル
http://www.cm-publishing.co.jp

発売　**株式会社インプレス**
〒102-0075　東京都千代田区神田神保町一丁目105番地
TEL（03）6837-4635（出版営業統括部）

■本の内容に関するお問い合わせ先 ………… クロスメディア・パブリッシング
TEL（03）5413-3140／FAX（03）5413-3141

■乱丁本・落丁本のお取り替えに関するお問い合わせ先 ………… インプレス　カスタマーセンター
TEL（03）6837-5016／FAX（03）6837-5023／info@impress.co.jp

乱丁本・落丁本はお手数ですがインプレスカスタマーセンターまでお送りください。送料弊社負担にてお取り替えさせていただきます。但し、古書店で購入されたものについてはお取り替えできません。

■書店／販売店のご注文受付 ………… インプレス　受注センター
TEL（048）449-8040／FAX（048）449-8041

カバー・本文デザイン　都井美穂子
印刷・製本　株式会社シナノ

ISBN978-4-8443-7335-3 C2034